개정판

프랑스어

작문(상)

저자 구기헌 · 이병욱

" **프랑스어**를 학습하고 있거나
학습하려는 사람이
프랑스어로 **의사표현** 할 수 있는 방법을
터득할 수 있는
하나의 길라잡이로서 이 책을 꾸며 보았다. "

제이엔씨
Publishing Company

머·리·말

  자신의 모국어가 아닌 어떤 특정의 외국어로서 의사소통을 할 수 있다는 것은 그 언어를 모국어로 사용하는 사람의 말을 이해하고, 자신이 그 언어로 자신의 의사를 표시할 능력이 있다는 것을 의미한다는 것은 모두 다 알고 있는 사실이다. 그런데 실제 우리나라의 외국어 교육에 있어서, 외국어의 이해에 중점을 준 나머지 의사 표시 능력의 경우에서는 간단한 질문, 답변 정도의 연습에 그치는 경우가 많다. 프랑스어의 경우에서도 그런 현상을 볼 수 있다.

  프랑스어를 학습하고 있거나 학습하려는 사람이 프랑스어로 의사 표현할 수 있는 방법을 터득할 수 있는 하나의 길라잡이로서 이 책을 꾸며 보았다. 표현법을 테마나 상황별로 열거하여 무작정 암기하는 방법을 권장하는 듯한 형태의 책이 아니라 프랑스어의 문장 구조와 한국어를 비교하여 그 차이점을 학습자 스스로 느끼면서 단계적으로 점점 복잡한 구조의 프랑스어에 접근할 수 있도록 하였다.

  프랑스어를 어느 정도 배운 사람은 이 책으로 자신의 표현 능력을 키울 수 있을 것이다. 프랑스어에 입문하는 사람은 학습 교재에서 배우고 난 뒤 곧 바로 이와 연관시켜 학습하는 데 이 책을 사용할 수 있을 것이다. 아무쪼록 이 책이 프랑스어로 자신의 의사를 표현하는 방법을 습득하는데 많은 도움이 되었으면 한다.

저 자

목 · 차

이 책의 특징과 학습 방법 —————————————————

I. 특징.

1. 항목의 순서는 간단한 것에서 복잡한 것의 순서로 배열하고 가능한 한 앞에서 배운 항목이 뒤에서 활용될 수 있도록 하였다. 이런 취지하에서 준비 과정에서는 우선 être 동사로 구성되는 간단한 문장을 중심으로 관사, 전치사와 시간, 장소의 기본 표현에 익숙하도록 하였다.

2. 동사의 특징에 따른 문장 구조 편에서는 학습상의 편의와 실제 사용면을 고려한 결과 다른 학습서와는 다른 순서를 채택하였다. 그 예로서 "무엇 하러 어디에 가다, 어디에 가서 무엇을 하다"를 표현하는 이동동사구문과, "무엇 무엇을 하면서, 무엇 무엇을 하다가"를 표현하는 제롱디프 구문을 제일 앞에 소개하는 한편, 문장형식에서 흔히 제외시키고 있는 형용사 확장구문과 기능동사를 동사의 한 형태로 취급하여 특별히 다루었다.

3. 대명동사는 한국어를 사용하는 학습자에게는 낯선 것이기 때문에 동사구문 제일 마지막에 배열하여 앞에서 배운 동사의 통사형태를 토대로 종합적으로 다루었다. 대명동사 항목이 나오기 전에는 예문이나 문제에서 대명동사의 사용을 피하였다. 수동태 구문은 대명동사와 같이 함께 다루었다.

4. 대명동사와 함께 한국어 사용자가 어려움을 느끼는 신체기관이 들어가는 문장은 제일 뒷부분에서 총괄적으로 공부하도록 하였다. 이와 함께 시간, 장소의 표현을 뒷부분에서 종합적으로 다루었다. 이 부분은 학습자가 공부할 때마다 참고할 수 있도록 하였다.

5. 동사에 따른 문장의 여러 형태에 익숙해진 다음 질문, 대답을 할 수 있는 문장을 만들 수 있게 하고, 동사 형태에 대한 보다 깊은 이해를 위하여 대명사 편을 문장구조 다음 편에 배치하였다. 관계대명사의 경우는 다른 대명사와의 연관관계를 고려하여 대명사부의 마지막에 넣었다.

6. 시제의 경우는 학습 효과, 사용 빈도의 두 문제를 고려하여 시제와 서법을 다루기 전까지는 반과거 사용을 자제하였다. 현재형만 사용하는 문장으로 시작하지 않고 처음부터 복합과거 연습에 들어가도록 했다. 이렇게 하게 된 것은 과거 시제를 사용하

지 않은 예문을 사용하여서는 생동감 넘치는 예문을 보이기에는 너무나 제약이 있고, 복합과거, 반과거, 두 과거 시제가 동시에 나오는 문장은 학습자에게 상당한 혼동을 주고, 사실, 실제 회화에서는 몇몇 동사의 반과거형(être, avoir, savoir…)을 빼면, 반과거 사용의 빈도가 복합과거에 비해 떨어지기 때문이다.

7. 단문이 아니고, 문단 형식의 문장을 작문하려면(자기 소개서, 기행문 등등) 과거 사실의 표현에 있어서 반과거, 복합과거의 확실한 구분이 절실히 요구되므로 이를 위해 많은 지면을 할애하였다.

II. 연습문제와 학습 조언.

1. 이 책은 테마별 작문 서적이 아니기 때문에 항목 순서대로의 학습이 권장된다. 연습문제에 들어가기 전에 있는 기본 예문 해설에, 설명이 부족한 부분이 있을 것이다. 보다 자세하게 설명되어 있는 문법서나 참고서를 곁들여 학습하는 것도 좋은 방법이 될 수 있을 것이다.

2. 연습문제는 난이도와 복습 효과를 고려하여 주요한 항목에서는 A, B 로 나누었다.

3. 연습문제에는 프랑스어 문장을 만드는 데 핵심이 되는 단어만 주고, 학습자가, 문법 기능 어휘를 보충하고 동사 변화를 시키는 방식을 택하였다. 우선, 우리말을 보고, 어떤 프랑스어 문장으로 쓸 것인가 구상한 다음, 괄호에 주어진 어휘를 보는 것이 실력 증진에 도움이 될 것이다. 괄호에 주어진 어휘를 볼 때, 제일 먼저 생각해야 될 부분은 술어에 해당되는 단어이다.

4. 괄호 속에 준 단어에는 특별한 경우를 제외하고는 한정사가 빠져있다. 한정사의 사용은 한국인에게 쉬운 것이 아니고, 일괄적으로 설명하려면 너무나 많은 예와 설명이 필요하므로 연습문제를 풀어가면서 학습자가 몸에 익힐 수 있도록 하기 위함이다. 시간과 장소의 표현도 마찬가지이다.

5. 연습문제의 우리말에서 프랑스어를 곧바로 생각하기 힘들다고 생각되는 곳에서는 프랑스어식 어법을 (←)로 표시하였다. 우리말 예문에서도 상황이 주어지면 훨씬 이해가 편한 대목에서는 상황을 괄호로 서술하였다.

6. 대화문의 경우 ▷, ▶로 문장 앞에 표시하여, 대화자가 이야기를 받았는가를 보였

다. ▷▶, ▷▶▷식으로 표시하여 어떤 말이 동일인물의 이야기인지 금방 알도록 하였다. 어떤 대화문인 경우 완전한 프랑스 문장이 우리말 밑에 있다. 이것은 학습자가 만들기 힘든 표현으로 생각되어 연습문제로서는 부적합하지만 대화의 문맥으로 알아두면 좋다고 판단되어 그렇게 한 것이다.

준·비·편

① 소개문

> Il y a SN + (장소보어) …이(가) (어디에) 있다.
> Il y a des clés de voitures sur la table.
> 테이블 위에 자동차 키가 있다.
>
> Les clés de la voiture de Jean sont sur la table.
> 쟝의 자동차 키는 테이블 위에 있다.

처음 소개되는 물건인 경우에는 부정관사를 쓰고 문맥이나 기타 상황에 의해 알려진 물건인 경우에는 정관사를 쓰는 것이 원칙이다.

② C'est …

1. 지시대명사 ce는 상황에 따라 무엇을 지시하는 것이 드러나기도 하지만 우리말에서는 주어 없이 쓰이는 말에 나타난다.

> C'est une question de vie ou de mort.
> 이건 사느냐, 죽느냐의 문제이다.
> C'est vrai? 정말이예요?
> C'est un mensonge! 거짓말이야!
> C'est déjà l'automne. 벌써 가을이야.
> C'est les vacances. 방학이다
> C'est moi. 나야.
> Ici, c'est Séoul. 여기는 서울입니다.

2. 문제 앞에 주제어를 놓고 그것을 흔히 c'est로 받는 형태를 많이 볼 수 있다.

> Le temps, c'est de l'argent. 시간은 돈이다.
> L'État, c'est moi. 짐이 바로 국가니라.

③ être + 전치사 + SN

1. être à + 사람 : 누구의 것이다.

   C'est à Marie. 그것은 마리의 것이다.

   C'est à moi. 그것은 내 것이다.

   이 문장은 소유대명사로 고쳐 쓸 수 있다.

   Il est le mien. Elle est la mienne.

2. être pour + 사람 : 누구에게 주려는 것이다, 누구를 위함이다.

   C'est pour toi. 이것은 너 주려는 것이다.

3. être en + 재료 : 어떤 물건이 어떤 재료로 만들어져 있다.

   C'est en bois. 이것은 목제품이다.

4. 1) être de + 지방 (도시, 국가) : … 출신이다.

       Il est de Paris. 그는 빠리 출신이다.

       → Il est français. 그는 프랑스인이다.

    2) être de + 수량 형용사 + 명사.

       우리나라 말에서는 "X는 …이다"라는 것을 프랑스에서는 정도를 나타내는 de
    를 넣어 "X는 …만큼이다"라고 표현.

       La superficie de cette pièce est de dix mètres carées.

       이 방의 면적의 10 평방미터이다.

       비교 : Mon numéro de téléphone, c'est le 011 357 9366.

       내 전화번호는 011 357 9366 번이다.

위의 예와 같이 [전치사 + SN] 는 être 동사와 결합하여 주어가 어떤 상태에 있는
가 보여 주는 많은 표현을 만들어 낼 수 있다. 그 중 중요한 것을 열거해 보면:

   · être au [en] chômage 실직 중에 있다.

   · être au courant (소식을 들어) 알고 있다.

   · être au régime 다이어트 중이다.

- être aux anges 기분이 아주 좋다.
- être à la recherche de *qch* …을 찾고 있는 중이다.
- être à l'aise 편안하다.
- être à la mode 유행하고 있다.
- être de retour 돌아와 있다.
- être d'accord 동감이다. 같은 생각이다.
- être de bonne〔mauvaise〕humeur 기분이 좋다〔나쁘다〕.
- être de bonne〔mauvaise〕qualité 품질이 좋다〔나쁘다〕.
- être de nationalité française 프랑스 국적이다.
- être d'origine italienne 이탈리아 출신이다.
- être dans la lune 멍한 상태에 있다; 현실 감각이 없다.
- être dans le rouge 적자(赤字)를 보고 있다.
- être en congé〔vacances〕. 휴가 중이다.
- être en colère 화가 나 있다.
- être en désaccord 의견이 다르다.
- être en deuil 상중(喪中)이다.
- être en grève 파업 중이다.
- être en bonne santé 건강하다.
- être en pleine forme 컨디션이 아주 좋다.
- être en pleine euphorie 기분이 아주 좋다.
- être en parfaite harmonie 아주 잘 어울리다.
- être en marche 작동하고 있다.
- être en panne 고장이다.
- être en retard 늦다. (à l'heure 제시간이다; en avance 빠르다)
- être en bons termes avec *qn* …와 사이가 좋다.
- être en vie 살아 있다.
- être en voyage 여행 중이다.

연 습 문 제

I. 예문에서 보인 바와 같이 출신 도시에서 그 사람의 국적을 나라이름의 형용사로서 답해 보세요

예문 : Arlette est de Paris. Elle est française.

1. Jean-Claude est de Montréal. Il est ⋯

2. Francine est aussi de Montréal. Elle est ⋯

3. Aïcha et Ibrahim sont de Dakar. Ils sont ⋯

4. Francesca est de Rome. Elle est ⋯

5. Yasmina est de Casablanca. Elle est ⋯

6. Gilberto est de Mexico. Il est ⋯

7. Javier est de Madrid. Il est ⋯

8. Gérard est de Bruxelles. Il est ⋯

9. Sandra et Marina sont de Berlin. Elles sont ⋯

10. Marc est de Genève. Il est ⋯

11. Ling est de Beijing. Elle est ⋯

12. Diane est de Dallas. Elle est ⋯

II. 왼쪽 문장과 오른쪽 문장이 같은 뜻이 되도록 괄호 속에 적당한 어귀를 채워 넣으세요

1. C'est ton crayon? = Ce crayon est （   ）?

2. C'est l'argent de Marie. = Cet argent est （   ）.

3. ▷Cette voiture est à Michel?

   ▶Oui, c'est （   ） voiture. = Oui, elle est （   ）.

4. ▷Ces vélos sont à vos enfants?

   ▶Oui, ce sont （   ） vélos. = Oui, ils sont （   ）.

9

III. 예문에서 보인 바와 같이 문장을 바꿔 써 보세요.

> 예문 : C'est mon livre. → C'est le mien.

1. Ce sont leurs chats. →
2. C'est ta bicyclette. →
3. C'est notre fille. →
4. Ce sont vos parents. →
5. Ce sont ses CD. →
6. C'est ma caméra. →
7. C'est ton appareil photo. →
8. Ce sont nos lunettes. →
9. C'est son livre. →
10. C'est son amie. →

IV. 아래 우리말을 프랑스어로 표현해 보세요.

1. 질문 있습니까? (y avoir/question)

2. 화성에 물이 있다. (eau/Mars)

3. ▷방에 화장실이 있습니까? (toilette/chambre)
   ▶아니오, 화장실은 층계참에 있습니다. (palier)

4. ▷이 근처에 은행이 있습니까? (banque/près d'ici)
   ▶예, 조금 더 가서 오른 쪽에 있습니다.

5. 오늘 저녁 TV에서 아주 멋진 영화 한다. (←TV에 멋진 영화가 있다)
   (film/formidable/télé)

6. 오늘 저녁 조엘(Joël) 집에서 파티한다. (boum)

7. (가게 따위에서) 잘못 거슬러 주셨습니다.

    (← 거스름돈에 오류가 있습니다) (erreur/monnaie)

8. 옆방이 너무 시끄러워요. (←옆방에 너무 많은 소음이 있다)

    (trop/bruit/chambre à côté)

9. (학교에서) D2동은 정문 오른쪽에 있다. (bâtiment D2/droite/entrée principale)

10. (비행기에서) 구명조끼는 의자 밑에 있습니다. (gilet de sauvetage/siège)

11. (전화에서)

    ▷안녕하세요. 그르랑씨(M. Legrand) 계시나요?

    ▶아니오. 지금 안 계신데요. (absent/pour le moment)

    ▷오후에는 계실 건가요.

12. (집을 찾고 있을 때)

    여기가 마르땡(Martin)씨 집 맞습니까?

    (← 내가 마르땡 씨 집에 잘 있습니까?) (être/bien/M. Martin)

13. (전화에서) 레 사보야 (Les Savoyards) 레스또랑 맞지요?

14. 그 사람은 지금 실직 중이다. (chômage)

15. 이것 먹는 물입니까? (eau / potable)

16. ▷네 여자 친구 참 예뻐. (amie / très / beau)

    ▶네 여자 친구도 그래. (aussi)

17. 당신 아이들은 얌전하지만, 우리 아이들은 말썽꾸러기들입니다.
   (enfant/sage/mais/terrible)

18. ▷그곳은 여기서 머나요?
   ▶아니요. 여기서 가까워요.

19. 너, 스웨터 뒤집어 입었다. ← 너의 스웨터가 뒤집어져 있다. (pull/à l'envers)

20. 복사기가 고장이다 (photocopieuse/panne)

21. 저 장갑, 울입니까? 아크릴제품입니까? (gant/laine/ou/acrylique)

22. 서울 인구는 약 천만 명이다. (population/Séoul/habitant)

23. (쇼핑 따위를 할 때) 나에게는 너무 비싼 가격입니다. (cher/pour)

24. 내 혈액형은 O형입니다. (groupe sanguin/O)

25. 이 시험은 1000점 만점이다. (← 시험은 총점은 1000점이다)(total/examen/point)

I.

1. canadien 2. canadienne 3. sénégalais 4. italienne 5. marocaine 6. mexicain
7. espagnol 8. belge 9. allemandes 10. swisse 11. chinoise 12. américaine

II.

1. à toi 2. à Marie 3. sa/à lui 4. leurs/ à eux

III.

1. Ce sont les leurs.

2. C'est la tienne.

3. C'est la nôtre

4. Ce sont les vôtres.

5. Ce sont les siens.

6. C'est la mienne.

7. C'est le tien.

8. Ce sont les nôtres.

9. C'est le sien.

10. C'est la sienne.

IV.

1. Il y a des questions?

2. Il y a de l'eau sur Mars.

3. ▷Est-ce qu'il y a des toilettes dans la chambre?

   ▶Non, les toilettes sont sur le palier.

4. ▷Il y a une banque près d'ici?

   ▶Oui, un peu loin à droite.

5. Ce soir, il y a un film formidable à la télé.

6. Ce soir, il y a une boum chez Joël.

7. Il y a une erreur dans la monnaie.

8. Il y a trop de bruit dans la chambre à côté.

9. Le bâtiment D2 est à droite de l'entrée principale.

10. Le gilet de sauvetage est sous votre siège.

11. ▷Bonjour. Est-ce que M. Legrand est là?

    ▶Non, il est absent pour le moment.

    ▷Est-ce qu'il est là cet après-midi?

12. Je suis bien chez M. Martin?

13. Je suis bien au restaurant "Les Savoyards"?

14. Il est au chômage.

15. C'est de l'eau potable?

16. ▷Ton amie est très belle.

    ▶La tienne aussi.

17. Vos enfants sont sages mais les nôtres sont terribles.

18. ▷C'est loin d'ici?

    ▶Non. C'est près d'ici.

19. Ton pull est à l'envers.

20. La photocopieuse est en panne.

21. Ces gants, est-ce qu'ils sont en laine ou en acrylique?

22. La population de Séoul est de 10 000 000 habitants.

23. C'est trop cher pour moi.

24. Mon groupe sanguin est O.

25. Le total de l'examen est de mille points.

제 1 부 · 동사

◉ 제 1 장 자동사, 타동사 ◉

1 복합과거

복합과거는 〔être 또는 avoir 의 현재형 + 과거분사〕의 형태로 표현된다.

다음 두 형의 동사들을 제외하고 모든 동사는 avoir를 조동사로 취한다.
- 모든 대명동사 → 대명동사편 참조
- 왕래 발착의 의미를 지닌 몇몇 자동사. 이 동사들은 사전에 명시되어 있다. 그 중 중요한 예를 보면:

　　aller – venir, entrer – sortir, arriver – partir, monter – descendre, naître – mourir, rester, – tomber, devenir, retourner, …

　　이들 중 몇몇 동사는 의미에 따라 être/avoir의 사용이 결정된다:
　　Elle est montée par l'escalier jusqu'au quatrième étage.
　　그녀는 5층까지 계단으로 올라갔다.

　　Elle a monté l'escalier.
　　그녀는 계단을 올라갔다.

　　Elle a monté tous les vieux livres au grenier.
　　그녀는 헌책을 모두 다 다락에 올려놓았다.

2 부정문과, 의문문의 기본 구조

　1. 부정문

　　주어 뒤에 ne를 놓고, 인칭 변화하는 동사 뒤에 pas를 놓는다. pas 대신에 plus, jamais를 놓으면 "더 이상 …하지 않다, 절대로 …하지 않다"는 뜻이 된다.

　　　주어 + ne + …… + 인칭 변화하는 동사 + pas +
　　　　　　　　　　　　　　　　　　　　plus
　　　　　　　　　　　　　　　　　　　　jamais

Il travaille. → Il ne travaille pas.

Il va travailler. → Il ne va pas travailler.

Il a travaillé. → Il n'a pas travaillé.

　　Rem. 긍정적 표현에서는 부정관사, 부분관사로 쓰이는 명사가 부정적 표현에
　　　　서는 de + 명사로 바뀐다.

　　　　Il a de l'argent. 그는 돈이 좀 있다.

　　　　Il n'a pas d'argent. 그는 돈이 없다.

　　비교: 그는 여행을 좋아한다: Il aime les voyages.

　　　　그는 여행을 좋아하지 않는다 : Il n'aime pas les voyages.

2. 의문문

　　1) 억양으로

　　　▷Ça va?

　　　▶Oui, ça va.

　　2) 문두에 Est-ce que를 붙인다.

　　　Est-ce que + 긍정형 또는 부정형 ?

　　　　Est-ce qu'il travaille?

　　　　Est-ce qu'il ne travaille pas?

　　3) 주어와 동사의 도치

　　　① 긍정형

　　　　a) 단순도치: 주어가 대명사인 경우

　　　　　Tu travailles aujourd'hui. → Travailles-tu aujourd'hui?

　　　　　Elle est française. → Est-elle française?

　　　　　제1군 동사의 경우, 1인칭 단수 je는 도치형을 사용하지 않고 Est-ce que
　　　　　를 사용.

　　　　　　Est-ce que je déjeune avec vous?

b) 복합도치: 주어가 명사인 경우

　　· Mathieu et Annette sont là.

　　　→ Mathieu et Annette sont-ils là?

　　· Annette a faim.

　　　→ Annette a-t-elle faim?

　　· Annette aime les animaux.

　　　→ Annette aime-t-elle les animaux?

3인칭 단수의 도치의 경우 t, d로 끝나지 않는 경우에는 -t-를 첨가한다.

est-il?　fait-il? peut-il? attend-il? entend-on?

aime-t-elle? habite-t-il? va-t-on?

② 부정형

　a) 단순도치: 주어가 대명사의 경우

　　· Tu ne travailles pas? → Ne travailles-tu pas?

　　· Elle n'est pas française. → N'est-elle pas française?

　b) 복합도치: 주어가 명사인 경우

　　· Annette n'a pas faim.

　　　→ Annette n'a-t-elle pas faim?

　　· Annette n'aime pas les animaux.

　　　→ Annette n'aime-t-elle pas les animaux?

③ 명사의 종류

"나는 …을 좋아한다, …좋아하지 않는다"라는 표현은 선호하는 정도의 차이에 따라 아래와 같이 순서를 매길 수가 있다.

1. J'adore …　　　　　나는 …을 무지 좋아한다.

2. J'aime beaucoup …　　나는 …을 아주 좋아한다.

3. J'aime …　　　　　나는 …을 좋아한다.

4. J'aime bien …　　　나는 …을 좀 좋아한다.

5. J'aime assez bien …　나는 …을 좋아하는 편이다.

6. Je n'aime pas beaucoup …　　　나는 …을 그다지 좋아하지 않는다.

7. Je n'aime pas …　　　　　　나는 …을 좋아하지 않는다.

8. Je n'aime pas du tout …　　　나는 …을 전혀 좋아하지 않는다.

9. Je déteste …　　　　　　　나는 …을 아주 싫어한다.

…에 해당되는 부분에 들어갈 직접목적보어는 명사가 나올 경우 반드시 정관사와 함께 써야 한다. (경우에 따라서는 지시형용사나 소유형용사). 위의 표현들은 선호 대상 명사의 내재적 특성을 말하는 것으로서 종의 총체를 지시하는 정관사가 사용되며 부분관사나 부정관사를 쓸 수가 없다. 셀 수 있는 일반명사의 경우는 복수형, 셀 수 없는 물질명사나 추상명사는 단수형을 사용한다.

　

※ 주의:

1) 그는 책을 가지고 있지 않다. Il n'a pas de livre(s).라는 프랑스어 문장에 유추하여 "그는 책을 좋아하지 않는다" (Il n'aime pas les livres.)라는 문장을 "*Il n'aime pas de livres.*"라고 표현하지 말 것.

2) bien은 beaucoup라는 달리 긍정문에서만 사용되고,
"*Je n'aime pas bien*" 으로는 사용하지 않음.

3) assez bien이 bien 보다 선호도가 높은 것으로 생각하지 말것.

위의 표현 다음에 붙는 명사들의 한국어와 프랑스어 비교:

◆음식 : 빵 le pain. 치즈 le fromage, 커피 le café, 삶은 계란 les oeufs durs,
　　아이스크림 la glace, 포도주 le vin, 프랑스 포도주 le vin français,
　　맥주 la bière, 독일 맥주 la bière allemande, 고기 la viande, 생선 le poisson,
　　당근 les carottes, 시금치 les épignards, 프랑스 요리 la cuisine française

◆취미생활 : 여행 les voyages, 음악 la musique, 클래식 음악 la musique classique.

◆구경거리 : 영화 le cinéma/les films, 공포영화 les films d'horreur
　　　콘서트 les concerts

◆물건 : 청바지 les jeans, 스포츠카 les voitures de sport

◆계절 : 여름 l'été

　날씨 : 비 la pluie, 눈 la neige

◆운동 : 스포츠 le sport/les sports), 축구 le foot(ball), 미식 축구 le football américain, 테니스 le tennis

◆동식물 : 동물 les animaux, 개 les chiens, 고양이 les chats, 말 les chevaux, 뱀 les serpents, 거미 les araignées, 쥐 les rats, 돼지 les cochons, 꽃 les fleurs, 장미 les roses

◆색깔 : 흰색 le blanc, 검정 색 le noir 빨간 색 le rouge, 핑크 색 le rose, 파란 색 le bleu, 밝은 색, les couleurs claires

◆행위 : 고독 la solitude, 독서 la lecture, 쇼핑 le shopping, 공부 les études

◆학과목 : 프랑스어 le français, 역사 l'histoire 전산 l'informatique, 수학 les maths, 과학 les sciences

4 부정사 지배 동사

aimer 다음에는 명사구 대신에 동사의 명사적 용법인 부정사(infinitif)가 올 수 있다.

그는 여행을 좋아한다.	Il aime les voyages.
여행하기를 좋아한다.	Il aime voyager.
그는 음악을 좋아한다.	Il aime la musique.
음악을 듣는 것을 좋아한다.	Il aime écouter de la musique.

aimer 처럼 전치사 없이 부정사가 뒤따를 수 있는 동사도 있고, 특정의 전치사 바로 뒤에 부정사가 오는 동사형이 있다:

1. 부정사가 전치사 없이 직접 동사 뒤에 오는 형:

adorer, affirmer, aimer, aller, compter, considérer, croire, désirer, détester, devoir, dire, estimer, faillir, falloir, nier, oser, paraître, partir, passer, penser, pouvoir, préférer, prétendre, reconnaître, savoir, sembler, souhaiter, valoir, vouloir, etc.

학습의 편의를 위하여 이 동사들을 아래와 같이 분류할 수 있다.

Modal 동사: pouvoir, devoir, vouloir, savoir

비인칭 동사: falloir, valoir

이동 동사: aller, partir, passer

기호 : adorer, aimer, désirer, détester, préférer

의향: compter, considérer, penser,

판단: affirmer, croire, estimer, reconnaître,

기대·소망 : espérer, souhaiter

의견의 표명: dire, nier, prétendre

기타: oser, paraître, sembler

2. 전치사 + 부정사로 동사 뒤에 오는 형.

이 경우에 사용되는 전치사는 거의 대부분의 경우 à와 de 이다.

par + inf의 경우는 극히 제한된 경우뿐이다.

1) 〈동사 + à + inf.〉

apprendre, arriver, avouer, chercher, commencer, consentir, consister, continuer, contribuer, hésiter, parvenir, penser, persister, recommencer, renoncer, répugner, rester, réussir, songer, tenir, travailler, trouver, etc.

2) 〈동사 + de + inf.〉

accepter, achever, admettre, affecter, arrêter, attendre, cesser, choisir, commencer, concevoir, continuer, convenir, craindre, décider, déplorer, déséspérer, entreprendre, envisager, essayer, éviter, exiger, finir, imaginer, jurer, menacer, mériter, mourir, négliger, obtenir, omettre, oublier, parler, préconiser, prévoir, projeter, promettre, redouter, refuser, regretter, rêver, risquer, souffrir, supporter, tâcher, tenter, venir, etc.

3) 〈동사 + par + inf.〉

commencer, finir

5 이동동사와 제롱디프(gérondif)

1. 이동동사

장소의 이동을 나타내는 몇몇 동사는 이동 목적을 나타낼 때 전치사 pour없이 부정사형으로 목적을 나타낼 수 있다. 통상 "…하러 가다" 따위로 번역하나 "…에 가서 …하다"라고 우리말로 해석하는 경우가 더 자연스러울 때도 더러 있다.

> On est allés faire du ski dans les Alpes.
> 우리들은 알프스에 스키 타러 갔다.

> Je vais aller chercher mes affaires.
> 짐 찾으러 가야지.

> File faire la vaisselle!
> 빨리 가서 설거지해!

> Je vous emmène déjeuner dans le restaurant de mon cousin.
> 여러분들의 점심식사는 내 사촌 식당으로 모시겠습니다.

> Emmène les enfants jouer au parc.
> 애들, 공원에 데리고 가서 놀게 해요.

2. 제롱디프 gérondif

1) 동시성

> Il travaille en écoutant la radio.
> 그는 라디오를 들으면서 공부한다.

2) 조건, 수단

> En prenant l'autoroute, j'arriverai à l'heure.
> 고속도로를 타면 나는 제시간에 도착할 것이다.

3) 이유

En faisant trop de sport, il s'est fait mal au dos.

그는 운동을 많이 하여 등이 아프게 되었다.

연 습 문 제 A

I. 아래 우리말을 시제에 유의하면서, 프랑스어로 표현해 보세요

1. 벚꽃은 봄에 핀다.
   (cerisier/fleurir/printemps)

2. 벌써 벚꽃이 피었다.
   (déjà/cerisier/fleurir)

3. 나는 매일 아침 9시에 집을 나온다.
   (partir/chez moi)

4. 나는 2주 예정으로 9월에 그리스에 간다.

5. (음식점에서 주문할 때) 같은 것 먹겠소.
   (aller/prendre/même chose)

6. 우리들은 12월 새 아파트로 이사갑니다.
   (emménager/nouvel appartement)

7. 영화가 원어로 상연됩니까, 한국어 더빙으로 상연됩니까?
   (film/passer/version/original/coréen)

8. 9월 달에 그는 Clémentine(여자 이름)와 프랑스 남부에 바깡스를 떠날 것이다.
   (partir en vacances/sud de la France)

9. 그는 네덜란드에 가 있다가 방금 막 돌아 왔다.
   (venir/rentrer/d'un séjour/Pays-Bas)

10. 너, 잘 잤니? 너 어젯밤 코를 골았어.
    (dormir/bien//ronfler/cette nuit)

II. 한정사에 유의하면서 아래 우리말을 프랑스어로 표현해 보세요

1. 나는 클래식 음악만 좋아합니다.
   (aimer/seulement/musique classique)

2. 나는 음악을 듣고 조용한 저녁시간을 보낼 것이다.
   (aller/écouter/musique/et/passer/soirée/calme)

3. 그는 껌을 씹고 있다.
   (mâcher/chewing-gum)

4. 아뿔싸, 지갑을 안 가지고 왔구나!
   (Zut/oublier/portefeuille)

5. 보통 나는 아침에 커피를 마신다.
   (D'habitude/boire/café/matin)

6. 포도주 드실 것입니까? (prendre/vin)

7. ▷불 있어요? (← 당신은 불 가지고 있습니까?)
   ▶전, 담배를 피우지 않습니다.

8. 나는 안경을 안 낀다. (porter/lunette)

9. 온수가 안 나와요. (← 더운물이 없어요)
   (y avoir/eau/chaud)

III. 동사 다음에 오는 부정사가 전치사를 취하는지, 취할 경우 어떤 전치사를 취하는지 유의하면서 아래 우리말을 프랑스어로 표현해 보세요

1. 너, 운전할 줄 아니?
   (savoir/conduire)

2. (우는 아이를 보고) 그만 훌쩍거려.
   (arrêter/pleurnicher)

3. 배가 고파 오는데. (←나는 배고파지기 시작한다)
   (commencer/avoir faim)

4. 그는 머지않아 돌아갈 생각이다.
   (envisager/rentrer/prochainement)

5. 사진 찍어도 됩니까?
   (on/pouvoir/prendre/photo)

6. 방을 치우도록 좀 해 봐.
   (tâcher/ranger/chambre)

7. 나는 그와 결혼할까 말까 주저하고 있다.
   (hésiter/épouser)

8. 나는 여행가는 것을 포기했다.
   (renoncer/partir en voyage)

9. 빨래 다 헹구었니?
   (finir/rincer/linge)

10. 우리는 신혼여행을 빠리(Paris)로 가기로 정했습니다.
    (décider/aller/Paris/voyage de noces)

연 습 문 제 B

I. 복합과거로 쓸 경우 조동사 선정에 유의하면서 아래 우리말을 프랑스어로 표현해 보세요

1. 그는 미국에서 돌아왔다.

   (revenir/Les États-Unis)

2. 그는 로또에 당첨이 되었는데 복권을 잃어버리고 말았다.

   (gagner/au Loto/mais/perdre/ticket)

3. 그는 너무나 많이도 마셨다.

   (boire/beaucoup/trop)

4. 귀스따브 에펠은 1832년 디종에서 태어났다

   (Gustave Eiffel/naître/Dijon)

5. 우리들은 18세에 프랑스인이 되었다.

   (devenir/à l'âge de 18 ans)

6. 나는 알제리에 한 번도 간 적이 없다.

   (ne… jamais/aller/Algérie)

7. 그는 거스름돈을 받지 않고 가게에서 나왔다.

   (sortir/magasin/sans prendre sa monnaie)

8. 그는 가방에서 지폐 한 묶음을 꺼냈다.

   (sortir/liasse/billet/sac)

9. 여러분은 에펠탑 꼭대기에 올라가 본 적이 있습니까?

   (déjà/monter/en haut de la tour Eiffel)

10. 나는 에펠탑을 걸어서 올라갔다.

    (monter/tour Eiffel/à pied)

11. 나는 5층까지 계단으로 올라갔다.

    (monter/escalier/jusqu'au quatrième étage)

12. 포도주 가격이 많이 올랐다.

    (prix/vin/beaucoup/augmenter)

13. 우리들은 이 오르막길을 수십 번을 내려가서 다시 올라왔다.

    (Nous/descendre/et/remonter/pente/des dizaines de fois)

14. 그들은 벨기에를 다시 들렀다.

    (repasser/Belgique)

15. 빨래 다림질했습니까?

    (repasser/linge)

II. 한정사에 유의하면서 아래 우리말을 프랑스어로 표현해 보세요

1. 나는 음악을 좋아합니다. 특히 팝음악이요.

    (aimer/musique/surtout/pop)

2. 마뚜(Matou: 고유명사)는 핑크색을 좋아하지 않는다.

3. 그 여자는 제시간에 오는 적이 없다.

    (ne … jamais/heure)

4. (스튜어디스가 승객에게) 뭔가 읽을 거리 원하십니까?

    (désirer/lecture)

5. 공장이 문을 닫고 난 이후부터 그는 일자리를 찾고 있다.
   (Depuis/fermeture/usine/chercher/travail)

6. 소리내지 마세요. 지금 녹음 중이예요.
   (Ne … pas/faire/bruit // Je/en train/ enregistrer)

7. ▷오늘 저녁 TV에서 아주 멋진 영화 한다.
      (y avoir/film/formidable/soir/télé)
   ▶참 잘 됐네. 오늘 저녁, 난 일이 없는데.
      (Ça tombe bien.//ne … pas/avoir/travail)

8. ▷너, 만화영화 보고 있구나
      (regarder/dessin animé).
      그런데, 너 나이에는 이제 더 이상 안 맞는데.
      (Ce n'est plus de ton âge!)
   ▶만화영화 좋아하는 데는 나이가 없다구요.
      (y avoir/âge/pour/aimer/dessin animé)

9. 나는 대학 식당 식권이 다 떨어졌다.
   (ne … plus/avoir/ticket de resto U)

10. 샴푸도 린스도 없어요. (shampooing/après-shampooing)

III. 동사 다음에 오는 부정사가 전치사를 취하는지, 취할 경우 어떤 전치사 취하는지 유의하면서 아래 우리말을 프랑스어로 표현해 보세요

1. 저는 이슬람교도입니다. 돼지고기를 먹을 수가 없는데요…
      (musulman//manger/porc)

2. 그들은 차를 팔아야만 했다.
      (devoir/vendre/voiture)

3. 이 문제는 어렵다, 그래서 내가 풀려고 해도 잘 안 된다.

   (problème/difficile/et/ne…pas/arriver/résoudre)

4. 나는 술, 담배를 끊기로 했다.

   (décider/arrêter/boire/et/fumer)

5. 우리 아버지가 곧 돌아오실 거예요.

   (père/ne…pas/tarder/revenir)

6. 쓰레기 내놓는 것 잊지 마라.

   (ne…pas/oublier/sortir/poubelles)

7. 나는 다음 주 정도 부모님 집에 돌아갈까 하고 생각하고 있다.

   (envisager/retourner/chez/parent/aux environs de la semaine prochaine)

8. 나는 현대미술은 이해하려고 해도 안 된다.

   (ne…pas/arriver/comprendre/peinture moderne)

9. 그는 거부하고 있지만 끝내는 수락할 것이다.

   (refuser/mais/finir/accepter)

10. 그녀의 꿈은 스튜어디스가 되는 것이다.

    (← 그녀는 스튜어디스가 되기를 간절히 바란다)

    (rêver/devenir/hôtesse de l'air)

IV. 다음 우리말을 이동동사구문이나 제롱디프를 사용하여 프랑스어로 표현해 보세요

 1. 밑에 내려가서 크로아쌍 5개 사와.

   (descendre/chercher/croissants)

2. ▷장애인용 화장실이 있습니까?

    (toilettes pour handicapés)

  ▶나가면, 왼쪽에 있습니다.

    (sortir)

3. 나는 우리 아이 데리러 유치원에 간다.

   (aller/chercher/enfant/maternelle)

4. 나는 언제나 라디오를 들으면서 공부한다.

   (travailler/toujours/écouter/radio)

5. 나오면서 〔나가면서, 나갈 때, 나올 때〕 문 잠그는 것 잊지 마라.

   (oublier/fermer à clé/porte/partir)

6. 모임에서 나오다가 나는 마르띤느(Martine)와 마주쳤다.

   (sortir/réunion/rencontrer)

7. 소리내면서 먹지 마. (←먹을 때 소리내지 마, 먹으면서 소리내지 마)

   (faire/bruit/manger)

8. 가만히 쳐다보지만 말고 와서 나 도와줘.

   (venir/aider/au lieu de/rester/regarder)

9. 나는 학교에서 오는 길에 지갑을 잃어버렸다.

   (perdre/portefeuille/rentrer/école)

10. 프랑스에 도착하면 쥰(Jun)은 우선 프랑스어 수업을 받을 예정이다.

   (arriver/France/Jun/aller/suivre/d'abord/cours/français)

◆ 제 1 장 자동사, 타동사 연습 문제 정답

(A.) I.

1. Les cerisiers fleurissent au printemps.
2. Déjà, les cerisiers ont fleuri.
3. Je pars de chez moi tous les matins à neuf heures.
4. Je vais en Grèce en septembre pour deux semaines.
5. Je vais prendre la même chose.
     = La même chose pour moi.
6. Nous emménageons dans notre nouvel appartement en décembre.
7. Est-ce que le film passe en version originale ou en version coréenne?
8. En septembre, il partira en vacances avec Clémentine dans le sud de la France.
9. Il vient de rentrer d'un séjour aux Pays-Bas.
10. Tu as bien dormi? Tu as ronflé, cette nuit!

II.

1. J'aime seulement la musique classique.
2. Je vais écouter de la musique et passer une soirée calme.
3. Il mâche du chewing-gum.
4. Zut, j'ai oublié mon portefeuille.
5. D'habitude, je bois du café le matin.
6. Vous prendrez du vin?
7. ▷Est-ce que vous avez du feu?
   ▶Désolé, je ne fume pas.
8. Je ne porte pas de lunettes.
9. Il n'y a pas d'eau chaude.

III.

1. Tu sais conduire?
2. Arrête de pleurnicher.
3. Je commence à avoir faim.
4. Il envisage de rentrer prochainement.
5. Est-ce qu'on peut prendre des photos?
6. Tâche de ranger ta chambre.
7. J'hésite à l'épouser.

8. J'ai renoncé à partir en voyage.

9. As-tu fini de rincer le linge ［la lessive］ ?

10. Nous avons décidé d'aller à Paris pour notre voyage de noces.

(B.) I.

1. Il est revenu des États-Unis.

2. Il a gagné au Loto mais il a perdu son ticket.

3. Il a beaucoup trop bu.

4. Gustave Eiffel est né en 1832 à Dijon.

5. Nous sommes devenus Français à l'âge de 18 ans.

6. Je ne suis jamais allé(e) en Algérie.

7. Il est sorti du magasin sans prendre sa monnaie.

8. Il a sorti une liasse de billet de son sac.

9. Vous êtes déjà montés en haut de la tour Eifffel?

10. J'ai monté la tour Eiffel à pied.

11. Je suis monté(e) par l'escalier jusqu'au quatrième étage.

12. Le prix du vin a beaucoup augmenté.

13. Nous avons descendu et remonté cette pente des dizaines de fois.

14. Ils sont repassés en Belgique.

15. Avez-vous repassé le linge?

II.

1. J'aime bien la musique, surtout la pop.

2. Matou n'aime pas le rose.

3. Elle n'est jamais à l'heure.

4. Vous désirez de la lecture?

5. Depuis la fermeture de l'usine, il cherche du travail.

6. Ne faites pas de bruit. Je suis en train d'enregistrer.

7. ▷Il y a un film formidable, ce soir, à la télé.

   ▶Ça tombe bien. Ce soir, je n'ai pas de travail.

8. ▷Tu regardes un dessin animé! Mais ce n'est pas de ton âge!

   ▶Il n'y a pas d'âge pour aimer les dessins animés.

9. Je n'ai plus de tickets de resto U.

10. Il n'y a pas de shampooing, ni d'après-shampooing.

III.

1. Je suis musulman. Je ne peux pas manger de porc···

2. Ils ont dû vendre leur voiture.

3. Ce problème est difficile et je n'arrive pas à le résoudre.

4. J'ai décidé d'arrêter de boire et de fumer.

5. Mon père ne tarde pas à revenir.

6. N'oublie pas de sortir les poubelles.

7. J'envisage de retourner chez mes parents aux environs de la semaine prochaine.

8. Je n'arrive pas à comprendre la peinture moderne.

9. Il refuse, mais il finira par accepter.

10. Elle rêve de devenir hôtesse de l'air.

IV.

1. Descends (me) chercher cinq croissants.

2. ▷Y a-t-il des toilettes pour handicapés?

   ▶C'est en sortant, à gauche.

3. Je vais chercher mon enfant à la maternelle.

4. Je travaille toujours en écoutant la radio.

5. N'oublie pas de fermer la porte à clé en partant.

6. En sortant de la réunion, j'ai rencontré Martine.

7. Ne fais pas de bruit en mangeant!

8. Viens m'aider au lieu de rester à me regarder.

9. J'ai perdu mon portefeuille en rentrant de l'école.

10. En arrivant en France, Jun va d'abord suivre des cours de français.

◉ 제 2 장 간접타동사 ◉

① 〈동사 + à + SN〉

aboutir à *qch*	(결과로서) …에 이르다.
accéder à *qch*	(장소·상태·위치에) 도달하다, 이르다.
aller à *qn*	…에게 어울리다.
appartenir à *qn/qch*	…에 속하다.
aspirer à *qch*	…을 열망하다.
assister à *qch*	…에 출석하다; 목격하다.
bénéficier à *qn/qch*	…에 이득이 되다.
consentir à *qch*	…에 동의하다; …을 승락하다.
correspondre à *qch/qn*	…에 일치하다. …에 적합하다.
contribuer à *qch*	…에 공헌하다
convenir à *qn/qch*	…에 적합하다.
croire à *qch*	…을 믿다, 신뢰하다.
désobéir à *qch/qn*	…의 말을 듣지 않다, …을 어기다, 거역하다.
déplaire à *qn*	…의 마음에 들지 않다.
échapper à *qn/qch*	…로부터 도망가다; (위험 따위를) 모면하다.
jouer à *qch*	…게임을 하다.
manquer à *qch*	…을 게을리 하다.
manquer à *qn*	(사람·물건이 없어서) 섭섭하다.
nuire à *qch/qn*	…을 손상시키다; …의 악담을 하다.
obéir à *qn/qch*	…의 말을 잘 듣고 따르다; (법·규칙 따위를) 준수하다
pardonner à *qn*	용서하다.
parler à *qn*	…에게 말하다.
penser à *qn/qch*	…을 생각하다.
parvenir à *qn/qch*	…에 이르다. 도달하다.
plaire à *qn*	…의 마음에 들다.

procéder à *qch*	…을 실시하다, …에 착수하다.
profiter à *qn*	…에게 도움이 되다.
réfléchir à *qch*	…에 대해 심사숙고하다.
remédier à *qch*	…을 개선하다, 고치다.
renoncer à *qch*/*qn*	…을 단념하다, 포기하다; …와 절연하다.
répondre à *qch*/*qn*	…에 답변하다.
répugner à *qn*	…에게 혐오감을 주다.
résister à *qn*/*qch*	…에 저항하다; …을 견디다.
ressembler à *qch*/*qn*	…과 닮다
réussir à *qn*	…에게 좋다; 도움이 되다; 좋은 결과를 주다
réussir à *qch*	…에 성공하다; …에 좋은 결과를 얻다.
servir à *qn*/*qch*	…에(에게) 도움이 되다.
songer à *qn*/*qch*	…을 생각으로 떠올리다.
sourire à *qn*/*qch*	…에게 미소를 짓다; … 이 …의 마음에 내키다.
succéder à *qn*/*qch*	…의 후계자가 되다; …의 뒤에 일어나다, …로 이어지다.
succomber à *qch*	…을 이겨내지 못하다.
tenir à *qn*/*qch*	…에 애착심을 갖고 있다.
tirer à + 발행부수	(출판물을) …부 찍어내다.
toucher à *qn*/*qch*	건드리다; 만지다; 손을 대다; 입수하다.
travailler à *qch*	…에 열정을 쏟다; …에 골몰하다.
veiller à *qch*	…에 신경을 쓰다; …에 유의하다.

Rem. Elle pense souvent à ce garçon.

→ Elle pense souvent à lui.

Elle tient à ses parents.

→ Elle tient à eux.

Ne touchez pas à cette fille.

→ Ne touchez pas à elle.

② 〈동사 + de + SN〉

abuser de *qch*	…을 남용하다.
bénéficier de *qch*	…의 혜택을 입다.
convenir de *qch*	…에 합의하다; 인정하다.
dater de + 시대	…로 거슬러 올라가다, 시작하다.
décider de *qch*	…을 정하다, 결정하다.
déjeuner de *qch*	…으로 점심을 마치다, 떼우다.
dépasser de *qch*	…에서 불거져 나오다.
dépendre de *qch*/*qn*	…에 달려있다, …에 좌우된다.
discuter de *qch*	…에 관해 토론하다.
disposer de *qch*/*qn*	…을 자유롭게 사용하다, (사람을) 뜻대로 하다.
douter de *qch*/*qn*	…을 의심하다.
hériter de *qch*/*qn*	…을 상속하다.
jouer de *qch*	…악기를 연주하다.
jouir de *qch*	…을 즐기다; …의 혜택을 입다.
parler de *qn*/*qch*	…에 관하여 이야기하다.
profiter de *qch*	…을 이용하다
relever de *qn*/*qch*	…의 소관이다; …에 속하다.
répondre de *qch*/*qn*	…을 보증하다
rêver de *qn*/*qch*	…을 꿈에서 보다; 갈망하다.
rire de *qn*/*qch*	…을 웃음거리로 삼다.
souffire de *qch*	…병으로 괴로워하다; …병을 앓고 있다; (사물주어) …의 해를 입다.
sourire de *qch*/*qn*	…을 놀리다.
témoigner de *qch*	보증하다; (사물주어) 증명하다, 보여주다.
tenir de *qn*/*qch*	…와 닮다; …이나 다름없다.
user de *qch*	(추상적인 것에 대하여) …을 사용하다; 이용하다.

Rem. 〈동사 + de + 무관사 명사〉

      changer de *qch* …을 바꾸다

      déborder de *qn/qch* …으로 넘치다.

      manquer de *qch* …이 모자라다

      servir de *qn/qch* …의 역할을 하다.

③ 〈동사 + à, de 이외의 전치사 + SN〉

courir après *qn/qch* …을 뒤쫓아 다니다; 추구하다.

crier après *qn* …을 나무라다.

aller avec *qch* …과 어울리다.

communiquer avec *qn*…와 연락을 취하다, 의사 소통하다.

communiquer avec *qch* (주어는 사물) …로 통해 있다.

correspondre avec *qn* …와 편지 연락을 주고 받다.

en finir avec *qch/qn* 결말을 짓다; …와 관계를 끊다.

rompre avec *qn/qch* …와 절교하다; (습관·관습 따위를) 버리다.

consister en [dans] *qch* …으로 이루어져 있다; …에 있다.

croire en *qn* …을 신뢰하다; …의 존재를 믿다.

espérer en *qn/qch* …에 기대를 걸다.

persévérer dans *qch* …은 끈질기게 계속하다.

pencher pour *qch/qn* …쪽을 선호하다; …에 이끌리다.

prier pour *qn/qch* …을 위해 기도를 올리다.

appuyer sur *qch* …을 누르다.

compter sur *qn/qch* …을 믿다, 기대하다.

donner sur *qch* …쪽을 향하고 있다.

frauder sur *qch* …에 부정행위를 하다; 속이다.

insister sur *qch* …을 강조하다, …을 고집하다.

passer sur *qch* …을 생략하다, 못 본 채 넘어가다.

pomper sur *qn* …의 답안지를 컨닝하다.

porter sur *qch*   …을 대상으로 하다; …에 무게가 걸리다.

reigner sur *qch*/*qn*   …을 마음대로 조종하다.

tirer sur *qn*/*qch*   …에 (총 따위를) 쏘다; (줄 따위를) 잡아당기다.

veiller sur *qn*/*qch*   …을 주의 깊게 보다; …을 보살피다.

frapper à [contre/dans/sur] *qch*   …을 두드리다, 치다.

marcher sur [dans] *qch*   …을 밟다; …에 발을 디디다.

mordre à [dans/sur] *qch* …을 물다; 베어먹다; (경계선 밖으로) 파고들다.

연 습 문 제 A

■ 괄호에 주어진 프랑스어 동사가 목적어를 전치사와 함께 취하는 것인가 아닌가, 또한 전치사를 취할 때 어떤 전치사를 취하는 가를 우선 생각해 보면서 다음의 우리말을 프랑스어로 옮기시오

1. 파란색이 너에게 잘 어울린다.
   (bleu/aller/bien)

2. 브레이크를 밟아라.
   (appuyer/frein)

3. 꽃에 물 주는 것 잊지 마.
   (ne…pas/oublier/arroser/fleur)

4. 우리들은 밤이 되기 전에 빠리(Paris)에 도착했다.
   (atteindre/Paris/avant la nuit)

5. 당신은 이 사람과 싸워야만 합니다.
   (devoir/combattre/homme)

6. 나는 너를 믿는다.
   (compter)

7. 우리들은 그따위 것들 믿지 않습니다.
   (croire/ces choses-là)

8. 여름의 빠리(Paris)는 외국인 관광객으로 만원이다.
   (Paris/en été/déborder/touriste/étranger)

9. 나 없을 때 내 차 마음대로 써도 돼.
   (pouvoir/disposer/voiture/pendant mon absence)

10. 나는 너의 재능을 한 번도 의심한 적이 없다.
   (ne … jamais/douter/talent)

11. 누가 문을 노크한다. 가서 문 열어.
   (Quelqu'un/frapper/porte // aller/ouvrir)

12. 그는 젊은 여성과 교제하고 있다.
   (fréquenter/jeune fille)

13. 나는 추첨에서 1등에 당첨되었다.
   (gagner/gros lot/loterie)

14. 그는 기타를 잘 친다.
   (jouer/bien/guitare)

15. 그녀의 부모는 그녀가 떠난 이후로 그녀를 그리워하고 있다.
   (Depuis son départ/parent/manquer/beacoup)

16. 나는 길에서 개똥 밟는 것 아주 싫다.
   (détester/marcher/crottes/chien/rue)

17. 살아 남고 싶으면 내 말 잘 들어.
   (obéir/si/tenir/rester en vie)

18. 나는 어머니를 생각하고 있다.
   (penser/mère)

19. 그래, 너 방이 마음에 드니?
   (Alors/plaire/chambre)

20. 이번 개혁은 초등교육을 대상으로 하고 있다.
　　(réforme/porter/enseignement primaire)

21. 나는 내 주위를 둘러보았다.
　　(regarder/autour de)

22. 승마는 포기해야 될 것 같습니다. 그건 당신한테는 너무 위험하니까요.
　　(il faudra/renoncer/équitation/trop/dangereux)

23. 그에게 편지를 썼는데 아직 회신을 주지 않았습니다.
　　(je/écrire/mais/il/ne…pas encore/répondre)

24. 난 거미가 무지 싫다. 그것들을 보면 견딜 수가 없다.
　　(araignée/répugner/je/ne…pas/pouvoir/supporter)

25. 그 여자는 자기 어머니를 많이 닮았다.
　　(ressembler/beaucoup/mère)

26. 그 모자 쓰고 있으면 모두가 다 너보고 웃을 거야.
　　(Avec ce chapeau/tout le monde/aller/rire)

27. 이 책은 나에게 많은 도움이 되었다.
　　(ce livre/servir/beaucoup)

28. 그는 컴퓨터 자판을 두들기고 있다.
　　(taper/clavier de son ordinateur)

29. 집을 못 찾으면 전화하세요.
　　(si/trouver/maison/téléphoner)

30. 나는 그 사람 찍기로 했다.
　　(décider/voter)

연 습 문 제 B

■ 괄호에 주어진 프랑스어 동사가 목적어를 전치사와 함께 취하는 것인가 아닌가, 또한 전치사를 취할 때 어떤 전치사를 취하는 가를 우선 생각해 보면서 다음의 우리말을 프랑스어로 옮기시오.

1. 사장님 댁에 부인과 같이 가실 수 있겠습니까?
   (pouvoir/accompagner/Madame/chez le Directeur)

2. 이 음악은 영화 장면과 어울리지 않는다.
   (musique/aller/scène du film)

3. Claude는 중학교 축구부에 들어 있다.
   (Au collège/appartenir/équipe de foot)

4. ▷내가 깜빡했어요.
   (complètement/oublier)
   ▶어느 누구나 그럴 수 있습니다.
   (arriver/tout le monde)

5. 오늘 저녁 모임에 나올 수 있겠습니까?
   (pouvoir/assister/réunion)

6. 그는 쉽게 말을 바꾼다. (← 그는 와이셔츠 바꿔 입듯이 의견을 바꾼다)
   (changer/avis/comme/chemise)

7. 이 방은 식당으로 통하게 되어 있다.
   (pièce/communiquer/salle à manger)

8. 그의 부모는 결코 이 결혼을 승낙하지 않을 것이다.
   (parent/ne…jamais/consentir/mariage)

9. 그의 재산은 주식으로 되어 있다.
   (fortune/consister/action)

10. 우리 집 사람은 내가 하는 말마다 반대야.
    (femme/contredire/sans cesse)

11. 우리들은 약속시간에 대해 합의를 보았습니다.
    (convenir/heure du rendez-vous)

12. 이건 그 사람의 경력 프로필과 완전히 일치한다.
    (Ça/correspondre/parfaitement/profil)

13. 그는 여자들 뒤꽁무니만 쫓아다닌다.
    (courir/femme)

14. 우리들은 시장에서 싸빈느(Sabine)와 마주쳤다.
    (croiser/Sabine/marché)

15. 이 시험이 당신의 장래를 결정짓게 될 것이다.
    (examen/décider/avenir)

16. 너 치마가 외투에서 비어져 나와 있다.
    (robe/dépasser/manteau)

17. 이번 축제의 성공 여부는 날씨에 달려 있다.
    (succès de cette fête/dépendre/temps)

18. 쌀롱의 창문들은 작은 마당 쪽으로 나 있다.
    (fenêtre/salon/donner/petit/cour)

19. 그녀는 기적적으로 죽음을 모면하였다.
    (échapper/mort/par miracle)

20. 미국의 싸이클리스트, 란스 암스트롱(Lance Armstrong)은 프랑스 일주 자전거 경기에서 6번 연속 우승했다.

   (cycliste/gagner/Tour de France/pour la sixième fois de suite)

21. 고기가 낚싯바늘을 물었다.

   (poisson/mordre/hameçon)

22. 그는 옆 사람 답안지를 컨닝했다.

   (pomper/voisin)

23. 상품의 재고 조사를 실시하였다.

   (on/procéder/inventaire/marchandise)

24. 그는 네가 마음이 좋은 점을 이용하고 있다.

   (profiter/gentillesse)

25. 그 업무는 경찰 소관이다.

   (ce service/relever/police)

26. 어젯밤 네 꿈을 꾸었다.

   (rêver/cette nuit)

27. 나는 그녀의 무죄를 보증할 수 있습니다.

   (pouvoir/témoigner/innocence)

28. 나의 여동생은 이 인형에 굉장한 애착심을 보인다.

   (soeur/tenir/poupée)

29. 이 신문은 2만 부 발행한다.

   (journal/tirer/exemplaire)

30. 이 환자를 잘 보살펴요.

   (veiller/bien/malade)

◆ 제 2 장 간접타동사 연습문제 정답

A.

1. Le bleu te va bien.

   = Ça te va bien, le bleu. Le bleu, ça te va bien.

2. Appuie sur le frein.

3. N'oublie pas d'arroser les fleurs.

4. Nous avons atteint Paris avant la nuit.

5. Vous devez combattre cet homme.

6. Je compte sur toi.

7. Nous ne croyons pas à ces choses-là!

8. Paris, en été, déborde de touristes étrangers.

9. Tu peux disposer de ma voiture pendant mon absence.

10. Je n'ai jamais douté de ton talent.

11. Quelqu'un frappe à la porte. Va ouvrir.

12. Il fréquente une jeune fille.

13. J'ai gagné le gros lot à la loterie.

14. Il joue bien de la guitare.

15. Depuis son départ, elle manque beaucoup à ses parents.

16. Je déteste marcher sur [dans] les [des] crottes de chien dans la rue.

17. Obéis-moi si tu tiens à rester en vie.

18. Je pense à ma mère.

19. Alors, elle te plaît, ta chambre?

20. Cette réforme porte sur l'enseignement primaire.

21. J'ai regardé autour de moi.

22. Il faudra renoncer à l'équitation: c'est trop dangereux pour vous.

23. Je lui ai écrit mais il ne m'a pas encore répondu.

24. Les araignées me répugnent. Je ne peux pas les supporter!

25. Elle ressemble beaucoup à sa mère.

26. Avec ce chapeau, tout le monde va rire de toi!

27. Ce livre m'a beaucoup servi.

28. Il tape sur le clavier de son ordinateur.

29. Si vous ne trouvez pas la maison, téléphonez-moi.

30. J'ai décidé de voter pour lui.

B.

1. Pouvez-vous accompagner Madame chez le Directeur?

2. Cette musique ne va pas avec cette scène du film.

3. Au collège, Claude appartient à une équipe de foot.

4. ▷J'ai complètement oublié⋯

   ▶Ça arrive à tout le monde!

     = Ça peut arriver.

5. Pouvez-vous assister à la réunion ce soir?

6. Il change d'avis comme de chemise.

7. Cette pièce communique avec la salle à manger.

8. Ses parents ne consentiront jamais à ce mariage.

9. Sa fortune consiste en actions.

10. Ma femme me contredit sans cesse.

11. Nous avons convenu de l'heure du rendez-vous.

12. Ça correspond parfaitement à son profil.

13. Il court après les femmes.

14. Nous avons croisé Sabine au marché.

15. Cet examen décidera de votre avenir.

16. Ta robe dépasse de ton manteau.

17. Le succès de cette fête dépend du temps.

18. Les fenêtres du salon donnent sur une petite cour.

19. Elle a échappé à la mort par miracle.

20. Le cycliste américain, Lance Armstrong, a gagné le Tour de France pour la sixième fois de suite.

21. Le poisson a mordu à l'hameçon.

22. Il a pompé sur son voisin.

23. On a procédé à l'inventaire des marchandises.

24. Il profite de ta gentillesse.

25. Ce service relève de la police.

26. J'ai rêvé de toi, cette nuit.

27. Je peux témoigner de son innocence.

28. Ma soeur tient à cette poupée.

29. Ce journal tire à 20 000 exemplaires.

30. Veillez bien sur ce malade.

◉ 제 3 장 수여동사 ◉

"누구에게 무엇을 말하다/주다" "누구에게서 무엇을 받다"라는 것을 프랑스어로 표현하고자 할 때, "무엇을"에 해당되는 말은 전치사 없이 동사 뒤에 놓고, "누구에게"에 해당되는 말은 전치사 à와 함께, "누구에게서" 해당되는 말은 전치사 de와 함께, 그 다음에 놓는 것이 원칙이다. 그러나, 이 원칙에 어긋나는 문장형식이 상당수 있기 때문에 프랑스어를 학습하는 한국인이 어려움을 겪게 된다.

문장형식과 의미와의 관계를 조사하면 몇 가지 유형으로 나눌 수 있다. 각 유형을 대표적인 동사로 표시하여 아래와 같이 분류해 보았다. 한국어와 프랑스어의 문장구조가 아주 다른 경우는 많은 연습이 필요하다.

1 〈donner/dire〉 형

전달할 물건, 전달할 말, 따위를 직접 목적보어로, 전달 상대(대개의 경우는 사람)는 전치사 à+ SN으로 표현한다.

1. 〈donner〉 형

accorder 주다, acheter 사주다, administrer(약 따위를) 주다, apporter 가져다주다, attirer 가져다주다, attribuer 수여하다, autoriser 허락하다, causer 야기하다, créer 발생하게 하다, consacrer 바치다, dédier 증정하다, déléguer 양도하다, délivrer 교부하다, fournir 제공하다, garder 누구에게 주려고 마련해 놓다, léguer 물려주다, lancer 던지다, ouvrir …에게 …에 이르는 길을 열어주다, passer 넘겨주다, 빌려주다, préparer …에 주려고 …을 마련해 놓다, prêter 빌려주다, rembourser 갚다

confier *qch/qn* à *qn*	맡기다
présenter *qch/qn* à *qn*	소개하다, 보여주다, 제출하다.
rapporter *qch* à *qn/qch*	(본래의 장소에) 도로 가져다 놓다; 돌려주다, 가지고 돌아오다.

이 형에 준하는 것 :

garantir 보장하다, permettre 용납하다,

épargner (근심 따위를) 덜어주다. éviter 모면하게 해주다

2. 〈dire〉 형

　adresser (말, 요구 따위를) 하다, annocer 알리다, apprendre 알려주다,
　avouer 털어놓다, cacher 감추다, conseiller 권하다, déconseiller 만류하다,
　demander 요구하다, démontrer 명확하게 보여주다, dicter 받아쓰게 하다,
　dissimuler 감추다, enseigner 가르치다, expliquer 설명하다,
　exposer 드러나게 설명하다, exprimer (뜻·감정을) 표현하다,
　prescrire (의사가) (환자에게) 처방하다, 명령하다, promettre 약속하다,
　raconter (이야기 따위를) 들려주다, rappeler 생각나게 하다,
　réclamer (당연한 권리로서; 강력하게) 요구하다, répéter 되풀이해서 말하다,
　reprocher 비난하다, révéler 밝히다, 폭로하다,
　souhaiter (누구에게 행운 따위를) 빌다, suggérer 제안, 제시하다.

3. 기타 형 : donner 형이나 dire 형에 넣기에 애매한 것들.
　barrer *qch* à *qn* (…가 가는 길 따위를) 막다.
　exposer *qch*/*qn* à *qch* …에 노출시키다.
　fixer *qch* à *qch* …으로 …에게 …을 결정해 주다.
　inciter *qn* à *qch* …할 기분이 나게 만들다.
　initier *qn* à *qch* …에 입문시키다.
　inviter *qn* à *qch* …에 초대하다.
　préférer *qch* à *qch* …보다 …을 더 좋아하다.

② 〈recevoir〉 형

　물건을 받거나 얻을 때 받는 물건을 직접 목적보어로, 물건의 출처를 de + SN 으로 표현하는 형. 전치사 de가 "분리·출처"의 의미를 가지고 있으므로 "…로부터 분리시키다"의 의미를 가진 동사도 여기에 넣을 수 있다.

　déduire 공제하다, dégager 발굴하다, délivrer 덜어주다, détacher 떼 내다, détourner 이탈시키다, écarter 제외시키다, effacer 지우다, 삭제하다, éloigner 멀어지게 하다, exclure 제외하다, 제명하다, extraire 채취하다, hériter (유산으로) 물려받다, importer

수입하다, obtenir 얻다, 획득하다, ôter (어떤 전체에서) (어떤 일부를) 제거하다, protéger 보호하다, recevoir 받다, sauver 구출하다, tenir (정보 따위를) 얻어내다, tirer 끄집어내다.

※ 아래 ③과 ④유형의 동사들은 한국어 사용의 학습자들이 특히 주의해야 할 유형임.

③ 〈Remplir/Prévenir〉 형

1. 〈remplir채우다〉 와 〈vider비우다〉 형

   1) 〈remplir〉 형

   Le Président a chargé le Premier Ministre d'une nouvelle commission. 이 문장의 의미는 "대통령이 수상에게 새로운 임무를 부여하였다."이다. 위에서 본 donner 계열의 동사의 문장구조로 유추해서는 위의 문장을 이해하기 어렵다. 그러나 〈remplir채우다〉 동사의 문장구조를 분석해 보면, charger가 만드는 문장구조를 쉽게 이해할 수 있다.

   · 냉장고는 가득하다.
      → Le frigo est plein.
   · 냉장고는 식품으로 가득하다.
      → Le frigo est plein de provisions.
   · 그는 냉장고를 식품으로 가득 채운다.
      → Il remplit le frigo de provisions.

   charger라는 단어는 명사 charge(짐)에서 파생하여 "짐을 싣다, 채우다, 충전하다, 임무를 부여하다"라는 뜻을 가진다. remplir 동사처럼, 짐을 실을 대상이 직접목적보어 형태로 오고, 그 내용물은 전치사 de 뒤에 온 것이다. 직접목적 보어와 de + SN과의 관계는, 직접 목적보어가 용기(contenant)이고, de + SN의 SN은 내용물(contenu)로 분석된다. 또한, 한국어의 발상으로는 나오기 힘든 문장 중의 하나인, charger 동사를 수동형으로 쓴 문장, Vous êtes chargé(e)!는 "짐이 많으시군요"라는 뜻이 됨을 알아두면 좋다. charger

동사와 동일한 구조로 문장을 만드는 단어의 수는 적은 편이다.

- charger 짐을 지우다, 임무 따위를 부여하다.
- munir : (장치·소요품을) 갖추게 하다,

  munir un bâtiment d'un escalier de secours

  건물에 비상계단을 설치하다.

  munir une voiture d'un climatiseur.

  자동차에 에어컨을 달다.
- remplir : 가득채우다.

이 형에 편입시킬 수 있는 동사들:

couvrir 덮다, enrichir 보다 풍부하게 하다,

entourer 둘러싸게 하다, orner 장식하다.

2) 〈vider〉 형

"가득 채우다"는 것의 반대 행위는 "비우다"vider라는 행위이다. vider 동사도 remplir의 경우와 마찬가지로 제거할 대상이 있는 장소가 직접목적보어가 되고, 제거할 물건은 전치사 de 뒤에 오는 것이다.

vider une chambre de ses meubles.

방에서 가구들을 치우다

이 형의 동사:

débarrasser 치우다, décharger 짐을 덜어주다

démettre (지위·직책 따위를) 박탈하다, dépouiller 앗아가다

dispenser 면제해 주다, guérir 병을 치유하다

libérer (짐·노동 따위를) 덜어주다, opérer …수술을 하다.

priver 빼앗다, soulager (부담을) 덜어주다.

※ 주의: "상을 치워라"라는 우리말은 뜻에 따라, 프랑스어로는 달리 써야 한다.

  1) 상이 필요 없으니, 다른 곳으로 가져가라는 뜻일 때 :

  Débarrasse-moi de la table. ⇒ 연습문제 31번 참조.

2) 식사 따위가 다 끝났으니, "상위에 있는 물건을 치워라"의 뜻일 때:

　Débarrase la table. ⇒ 연습문제 22번 참조

2. 〈prévenir 알리다〉형과 〈accuser비난하다〉형

　1) 〈prévenir〉형

　　소식 따위를 전하다라는 말을 할 때 전하는 대상인 사람이 직접목적보어로 오고, 전달 내용이 de + SN형태로 온다. 어떤 의미에서는 remplir와 유사한 모습을 보인다고 할 수 있다. 여기에 해당되는 동사는 거의 다 "알리다"라는 의미를 가진 동사들이다: avertir, aviser, informer, prévenir…

　　　Personne ne nous a informés de votre arrivée.

　　　아무도, 당신이 왔다고 우리한테 알려주지 않았어요.

　　　(※ 과거분사가 nous와 성·수 일치되어 있음을 주목)

　　　Avez-vous prévenu Marie de votre visite?

　　　마리에게 당신이 왔다고 알려 주었나요?

　2) 〈accuser〉형

　　비난, 기소 등의 대상이 되는 사람이 직접목적보어로 오고, 그런 행위를 하게 된 이유가 de + SN형태로 온다. 이 동사들은 de + 완료형 부정사(시제와 서법 참조)를 동반하여, "…했기 때문에, … 하다"는 형태로 쓰이는 경우가 많다.

　　　accuser 비난하다, assurer 확신시키다. blâmer 나무라다, convaincre 납득하게 하다, corriger 교정시키다, féliciter 축하하다, inculper …혐의로 조사하다, persuader 설득시키다, remercier 감사하다, soupçonner 의심하다.

4 〈voler〉형

　"…에게서 …을 빼앗다"는 말을 프랑스어로 표현할 때, "…에게서"를 de + SN으로 쓰고, "…을"은, 직접목적보어로 쓰려고 하려는 사람이 많을 것이다. 그러나, 이 계열의 동사에서는, "…에게서"를 나타내는 표현은 전치사 de가 되지 않고 à로 되는 점이 특기할 사항이다.

Le voleur m'a pris tout mon argent.
도둑이 나에게서 내 돈을 몽땅 털어갔다.

이 형에 속하는 동사:

arracher 뽑아내다, 빼앗다, dérober 도둑질하다, 털어가다,

emprunter 빌리다, enlever 제거하다, 덜어내다,

extorquer 착취하다, 짜내다, supprimer 빼앗다, 취소시키다.

voler 훔치다, 도둑질하다.

racheter : (물건을 산 사람으로부터) 사들이다

J'ai envie de changer de voiture. Marc est prêt à me racheter la mienne.
나는 차를 바꾸고 싶어. 마르크가 내 것 사주려고 하니까.

prendre qch/qn à qn 누구에게서 무엇을(누구를) 빼앗다.

Rem. 〈acheter〉의 경우는, "…에게 무엇을 사주다"라는 표현이나, "…에게서 …을 사다"라는 표현은 문장형식이 똑같다. 둘의 구분은 상황에 따른다. 〈louer〉의 경우도, "…에게 임대해 주다", "…에게서 임대하다"의 뜻을 똑같은 형식으로 표현한다. "빌리다"emprunter도 이 계열에 속하는 동사라는 사실에 유의해야 한다.

연 습 문 제

I. 아래 우리말을 프랑스어로 표현할 때 우선 어떤 동사를 써야 할 것인가를 먼저 생각하십시오. 다음에 괄호 속에 이탤릭체로 주어진 동사가 어떤 구조를 취하는 가에 주의하십시오. 33번~40번까지의 문제는 프랑스어에서, 행위자를 분명히 명시하지 않을 때 쓰는 인칭 대명사 on을 주어로 하는 프랑스어로 표현해 보세요.

1. 동물들에게 먹이를 주지 말도록 하십시오.
   (vouloir/*donner*/nourriture/animal)

2. 그녀의 숙부가 자기의 전 재산을 그녀에게 물려주었다.
   (oncle/*léguer*/toute sa fortune)

3. 모르는 사람이 길에서 나에게 말을 걸었다.
   (inconnu/*adresser*/parole/rue)

4. 나는 이 반지를 할머니로부터 물려받았어.
   (*hériter*/bague/grand-mère)

5. (부인이 남편한테 하는 말)
   아이들한테 감기 옮기지 말아요. (*passer*/rhume/enfant)

6. 일기예보에 의하면 내일은 맑은 날씨이다.
   (←일기예보는 우리들에게 내일에 대해 맑은 날씨를 알린다)
   (météo/*annoncer*/du soleil /pour demain)

7. 그는 우리들에게 수학을 가르쳤다.
   (*enseigner*/mathématiques)

8. 그녀는 아이들에게 수영 지도를 하고 있다.
   (*donner*/leçons de natation/enfants)

9. 그는 나에게서 태권도 지도를 받고 있다.
   (*entraîner*/le taekwondo)

10. 그녀는 세계적으로 유명한 교수한테서 성악을 배우고 있다.
    (*apprendre*/chant/professeur/mondialement célèbre)

11. 나는 그에게서 프랑스어 개인 교습을 받고 있다.
    (*prendre*/leçons particulières/français)

12. 그녀는 자식들에게 인생을 바쳤다.
    (*consacrer*/vie/enfants)

13. 우리들은 아이들에게 줄 깜짝 선물을 하나 준비해 놓았다.
    (*préparer*/enfant/une surprise)

14. 그는 자기의 약혼녀를 가족들에게 소개했다.
    (*présenter*/fiancée/famille)

15. 이 옛날 사진들을 보면 나는 어린 시절이 생각납니다.
    (← 이 옛날 사진들이 나에게 어린 시절을 상기시킵니다)
    (vieux/photo/*rappeler*/enfance)

16. 우리들은 이 가구들을 아시아에서 수입하고 있습니다.
    (*importer*/meuble/Asie)

17. 이 사진들을 벽에서 떼어야겠다.
    (falloir/*détacher*/photo/mur)

18. 그는 자기 차에 에어컨을 달았다.
    (*munir*/voiture/climatiseur)

19. 그는 자동차 사고로 한쪽 다리를 잃었다.

    (← 자동차 사고가 한 다리를 빼앗았다)

    (accident/voiture/*priver*/jambe)

20. 철도 파업으로 우리는 발이 묶였다.

    (←기차 파업이 우리들의 교통수단을 앗아갔다)

    (grève des trains/*priver*/moyen de transport)

21. 이 컵에 물을 가득 부어 가지고 와.

    (*remplir*/verre/eau/et/apporter)

22. (식탁에서 식사가 끝났을 때) 식탁 위를 치웁시다.

    (*débarrasser*/table)

23. 그는 자기가 빠리(Paris)에 도착했다고 우리들에게 알려 주었다.

    (*informer*/son arrivée à Paris)

24. 시험 합격을 축하한다.

    (*féliciter*/succès au concours)

25. 나는 베띠(Betty)에게 주말동안 내 차를 빌려주었다.

    (*prêter*/voiture/Betty/pour le week-end)

26. 그는 충청도의 한 농부한테서 농지를 샀다.

    (*acheter*/terre/fermier du Tchoungchongdo)

27. 나는 생일 선물로 쥴리앵에게 시계를 사주었다.

    (*acheter*/montre/Julien/pour son anniversaire)

28. 너 차 바꾸고 싶니? 그러면, 내가 네 것 사줄게.

    (vouloir/changer/voiture//alors/*racheter*)

29. 그는 편지 쓰려고 친구에게서 펜을 빌렸다.

    (*emprunter*/stylo/ami/pour/écrire/lettre)

30. 나는 장미보다 튤립을 더 좋아한다.

    (*préférer*/rose/tulipe)

31. 뭐 어떻게 해서, 이 쓰레기들 좀 치워주시오.

    (*débarrasser*/ordures/d'une façon ou d'une autre)

32. (일어나서 학교 가라고 해도 꾸물거리는 모습을 보는 어머니 Marie가 아들 Claude

    방으로 가서)

    어머니, 마리(Marie)는 끌로드(Claude)의 방에 들어가 이불을 뺏어버린다.

    (Marie/mère/entrer/chambre/Claude/et/*arracher*/couette)

33. 건물 잔해에서 시체를 여러 구 발굴했다.

    (*dégager*/plusieurs corps/décombres)

34. 샤를르(Charles)는 당에서 제명을 당했다.

    (*exclure*/parti)

35. 이 여행에서 나는 두 번 지갑을 도난 당했다.

    (*voler*/portefeuille/deux fois/pendant ce voyage)

36. (다쳐서 깁스를 하고 있던 친구에게 하는 말)

    이제, 깁스 풀었니?

    (*enlever*/plâtre)

37. 그녀는 운전면허를 취소 당했다.

   (*supprimer*/permis de conduire)

38. 나는 그 여자의 집에서 차 대접을 받았다.

   (*offrir*/thé/chez elle)

39. 그녀는 맹장 수술을 받았다.

   (*opérer*/appendicite)

40. 오늘날에는 에이즈를 치유할 수 있을까요?

   (Aujourd'hui/pouvoir/*guérir*/sida)

◆ 제 3 장 수여동사 연습문제 정답

1. Veuillez ne pas donner de nourriture aux animaux.
2. Son oncle lui a légué toute sa fortune.
3. Un inconnu m'a adressé la parole dans la rue.
4. J'ai hérité cette bague de ma grand-mère.
5. Ne passe pas ton rhume aux enfants.
   cf. 그에게서 감기를 옮았다.
   Il m'a passé [refilé] son rhume [la grippe].
6. La météo nous annonce du soleil pour demain.
7. Il nous a enseigné les mathématiques.
8. Elle donne des leçons de natation aux enfants.
9. Je l'entraîne au taekwondo.
   = Je lui enseinge le taekwondo.
10. Elle apprend le chant avec un professeur mondialement célèbre.
    ("…에게서 배우다"는 apprendre [étudier] avec *qn*이 됨. 대학원 학생들 간의 대화에
    서 "너, 지도 교수가 누구냐?"의 프랑스어 표현으로서는 Tu travailles avec qui?가 흔히
    쓰인다.)
    cf. 그녀는 유명한 음악가한테서 바이얼린 레슨을 받고 있다.
    Elle prend des cours de violon avec un musicien célèbre.
11. Je prends des leçons particulières de français avec lui.
    = Je suis des cours particulières de français avec lui.
12. Elle a consacré sa vie à ses enfants.
13. Nous avons préparé une surprise aux enfants.
14. Il a présenté sa fiancée à sa famille.
15. Ces vieilles photos me rappellent mon enfance.
16. Nous importons ces meubles d'Asie.
17. Il faut détacher ces photos du mur.
18. Il a muni sa voiture d'un climatiseur.
19. Un accident de voiture l'a privé d'une jambe.
20. La grève des trains nous a privés de moyen de transport.
21. Remplis ce verre d'eau et apporte-le-moi.
22. Débarrassons la table.
23. Il nous a informés de son arrivée à Paris.
24. Je te félicite de ton succès au concours.

25. J'ai prêté ma voiture à Betty pour le week-end.

26. Il a acheté une terre à un fermier du Tchoungtchongdo.

27. J'ai acheté une montre à Julien pour son anniversaire.

28. Tu veux changer de voiture? Alors, je te rachète la tienne.

29. Il a emprunté un stylo à son ami pour écrire une lettre.

30. Je préfère les tulipes aux roses.

31. Débarrassez-moi de ces ordures, d'une façon ou d'une autre.

32. Marie, la mère, entre dans la chambre de Claude et lui arrache sa couette.

33. On a dégagé plusieurs corps des décombres.

34. On a exclu Charles du parti.

35. On m'a volé mon portefeuille deux fois pendant ce voyage.

36. On t'a enlevé ton plâtre?

37. On lui a supprimé son permis de conduire.

38. On m'a offert du thé chez elle.

39. On l'a opérée de l'appendicite.

40. Aujourd'hui, peut-on guérir du sida?

◉ 제 4 장 목적보어 + 부정사 구문, 목적어 속사구문 ◉

　동사가 직접목적보어 또는 간접목적보어를 취하고 동시에 부정사를 취하는 유형은 크게 두 가지로 나눌 수 있다:
- 부정사가 전치사를 동반하는 형.
- 부정사가 전치사 없이 나타나는 형.

　목적보어 + 부정사 구문에서는 부정사가 목적어의 행동을 서술하는 구문인데 반하여, 목적어속사 구문에서는 속사가 목적어의 상태를 서술한다는 점에서 이들을 함께 다룰 수 있다.

1 목적어 + 부정사

　1. 전치사를 동반하는 경우.

　　1) Verbe *qn* à + inf.

　　　· aider : …가 …하는 것을 도와주다.

　　　　Ma soeur aide ma mère à faire le ménage.

　　　　나의 여동생은 어머니가 집안 일을 하는 것을 돕는다.

　　　· amener : …가 …하도록 만들다.

　　　· appeler : …가 …하도록 하다.

　　　· autoriser : …가 …하는 것을 허락하다. (cf. permettre)

　　　　Le directeur a autorisé les pensionnaires à sortir à 16 heures.

　　　　사감선생님이 원생들이 16시에 외출하는 것을 허락해 주었다.

　　　· contraindre à (de) : …를 강제적으로 …하게 하다.

　　　· décider : …에게 …하는 결심을 하도록 하다.

　　　· encourager : …하도록 …에게 용기를 주다.

　　　· engager : …에게 …하도록 촉구하다.

　　　· entraîner : …하게 만들다, …하는 길로 이끌다.

　　　· forcer : …에게 억지로 …하도록 하다.

　　　　Il ne faut pas le forcer à manger : il n'a pas faim.

　　　　그에게 억지로 먹으라고 하지 마세요. 배가 안 고프니까요.

- habituer : …가 …하는 습관을 갖도록 하다.
- inciter : …하도록 부추기다.
- inviter : …하도록 권하다.
- obliger : …에게 …하도록 강요하다.
- occuper : …에게 …하는 일을 하도록 하다.
- pousser : …를 부추겨 …하게 만들다.
- préparer : …에게 …할 (마음의) 준비를 시키다.

  préparer un malade à subir une opération.

  환자에게 수술을 받을 마음의 준비를 갖추게 하다.

2) Verbe *qn* de + inf.
- admirer: …하는 것에 감탄을 보내다.
- approuver : …하는 것을 인정해 주다.
- avertir …에게 …하도록 말하다.

  Avertissez-les d'éviter cette route.

  이 도로를 피하도록 그들에게 알려주세요.
- blâmer …가 …하는 것을 나무라다.

  Le père blâme son fils de passer trop de temps à regarder la télévision, et il le force à recommencer son étude.

  아버지는 자기 아들이 TV를 보는데 너무 많은 시간을 보내는 것을 나무라고, 억지로 다시 공부하게 만든다.
- charger : …에게 …하는 임무를 주다, 부탁하다.

  J'ai chargé mon fils de lui téléphoner.

  나는 그 사람한테 전화하는 일을 아들에게 맡겼다.
- décourager : …가 …하는 것을 하지 못하게 낙담시키다.

  Le professeur m'a découragé de continuer mes études.

  선생님은 나에게 공부를 계속하는 것을 그만 두는 것이 좋겠다고 말했다.
- dissuader : …가 …하는 것을 하지 말도록 설득시키다.

  J'ai essayé de le dissuader de quitter sa famille, mais il ne m'a pas écouté.

나는 그에게 가족을 버리고 가지 말라고 했으나, 그는 나의 말을 듣지 않았다.

· empêcher : …가 …하는 것을 방해하다.

   La pluie l'empêche de sortir.

   비 때문에 그는 외출할 수 없다.

· excuser : …하는 것을 용서해 주다.

   Excusez-moi d'arriver si tard.

   너무 늦게 와서 죄송합니다.

· féliciter : …가 …함을 축하하다, 칭찬하다.

   Je la félicite et la remercie d'être toujours la bonne assistante de sa
   mère.

   나는 그녀가 자기 어머니에게 언제나 좋은 도우미 역할을 하고 있는 것에 대
   해 칭찬해 주고 고맙게 생각하고 있다.

· menacer : …하겠다고 위협하다.

   Il a menacé ses parents de quitter la maison s'ils ne lui cédaient pas.

   양보하지 않는다면, 그는 집을 나가 버리겠다고 부모를 위협했다.

· plaindre : …가 …함을 동정하다.

   Je le plains d'avoir un père si difficile.

   그렇게 어려운 아버지가 있는 그 사람이 불쌍하다.

· prier …하는 것을 간곡히 부탁하다.

3) Verbe à *qn* de + inf.

   · commander : …에게 ..하도록 명령하다.

   · conseiller : …에게 …하도록 조언하다.

   · déconseiller : …에게 …하는 것이 좋지 않다고 말하다.

   · défendre : …에게 … 하지 말라고 하다.

   · demander : …에게 …하도록 부탁하다.

   · dire : …에게 …하라고 말하다.

      Il m'a dit de venir tout de suite.

      그는 나더러 곧장 오라고 했다.

(cf. Elle a parlé d'aller voir un docteur.

진찰을 받아 볼 생각이라고 그녀는 말했다.)

· écrire: ···에게 ···하라고 편지를 써보내다.

· hurler : ···에게 ···하라고 소리를 지르다.

· imposer : ···에게···하도록 강요하다.

· interdire : ···가 ···하는 것을 못하게 하다.

· obliger : ···에게 억지로 ···하게 하다.

· offrir : ···에게 ···하자고 제의하다.

· permettre : ···가 ···하는 것을 허락하다. (cf. autoriser)

Ses parents ne lui permettent pas de sortir le soir.

부모는 그(녀)가 저녁에 외출하는 것을 허락하지 않는다.

· promettre : ···에게 ···할 것을 약속하다.

· proposer : ···에게 ···하도록 권하다.

Je vous propose d'aller voir cette exposition.

이 전람회, 보러 가는 게 어떻습니까?

· répondre : ···에게 ···하라고 대답하다.

· suggérer : 권고하다, 권유하다.

· téléphoner : ···에게 ···하라고 전화하다.

4) Verbe à qn   à + inf.

· apprendre : ···에게 ···하는 법을 가르쳐 주다. (기술의 습득)

C'est son père qui lui a appris à nager.

그에게 수영하는 법을 가르쳐 준 사람은 바로 그의 아버지다.

· enseigner : ···에게 ···하라고 가르치다. (훈육)

Il nous a enseigné à parler correctement.

그는 우리들에게 예의 바르게 말하라고 가르쳤다.

(이 문형에서의 à + inf는 명사적 용법에 가깝다)

5) Verbe *qch* à + inf.

· employer… 하는데 …을 사용하다.

· gagner …하는 것으로 …라는 이득을 얻다.

　Vous ne gagnerez rien à vous montrer insolent.

　건방진 태도를 보여서 얻는 게 아무것도 없을 거요.

· mettre …을 …하게 하다.

　mettre le café à chauffer 커피를 데우다.

　mettre du linge à sécher 빨래를 말리다.

· occuper …하는 일에 (시간 따위를) 보내다.

　occuper son temps à faire du jardinage

　정원 일을 하는 데 시간을 보내다.

· passer …하여 시간을 보내다.

　passer ses journées à traîner dans les rues.

　길거리에서 배회하며 세월을 보내다.

2. 전치사를 동반하지 않는 동사

1) faire …하게 하다, laisser …하게 내버려 두다.

　J'ai fait aller mon enfant chez le médecin.

　나는 내 아이를 의사에게 보냈다.

　J'ai fait examiner mon garçon au 〔par le〕 médecin.

　나는 아들을 의사의 진찰을 받게 했다.

　Il laisse jouer son enfant dans la rue.

　그는 자기 아이가 길에서 노는 것을 내버려둔다.

　Laissez-vous votre fils faire de telles sottises?

　아들이 그런 멍청한 짓을 하는 것을 그냥 놔두십니까?

2) 지각동사: …가 …하는 것을 (보다, 듣다, 느끼다): voir, regarder, entendre, écouter, sentir …

　J'ai vu Michel courir dans la rue.

미셸이 길을 뛰어 가는 것을 보았다.

Il regarde les gens passer [passer les gens] dans la rue.

그는 사람들이 길을 지나가고 있는 것을 쳐다보고 있다.

Je l'ai entendue pleurer.

그녀의 울음소리가 들렸다.

J'écoute la pluie tomber.

비 떨어지는 소리를 귀를 기울려 듣고 있다.

3) 이동동사 중 타동사:

· emmener *qn* + inf. : …를 하러 데리고 가다.

Je t'emmène dîner en ville.

시내에 외식하러 가는데 널 데리고 갈게.

· envoyer *qn* + inf. : …를 …하러 보내다.

Il a envoyé sa femme chercher le médecin.

그는 의사를 부르러 자기 부인을 보냈다.

2 목적어 속사

1. 목적어 + 명사

· appeler : …라고 부르다.

Appelle-moi Jean. 나를 쟝이라고 불러 줘.

· déclarer : …라고 선언하다.

· désigner: …로 지명하다.

· élir : …로 선출하다.

· nommer : …로 임명하다.

On l'a nommé ministre. 그는 장관으로 임명되었다.

2. 목적어 + 전치사 + SN : considérer comme, prendre pour, tenir pour, traiter de… (어떤 사람을 어떤 사람으로 여기다, 생각하다, 취급하다)

J'ai pris Marie pour la femme de ménage.

나는 마리를 가정부로 잘못 보았다.

(cf. J'ai pris Marie comme femme de ménage.

나는 마리를 가정부로 고용했다.)

Catherine a traité Paul d'égoïste.

까트린느는 뽈을 이기주의자라고 했다.

(traiter의 경우 전치사 다음에 관사가 빠짐)

3. 목적어 + 형용사, 양태보어

　1) 판단한다는 라는 의미에 속하는 동사군:

　　croire, estimer, juger, trouver, présumer, voir…

　　Je trouve ce livre passionnant.

　　나는 이 책이 아주 재미있다.

　2) rendre, mettre (주어 + 연계사copule + 속사) 구문의 사역형

　　Elle est joyeuse. → Ça la rend joyeuse.

　　그녀는 즐겁다. → 그것이 그녀를 즐겁게 한다.

　　Il est en colère. → Ça le met en colère

　　그는 화가 나 있다. → 그것이 그를 화나게 한다.

　3) "…한 채로 두다"의 의미를 가진 동사: laisser, tenir…

　　Tenez la porte ouverte. 열려있는 채로 문을 가만히 둬요.

　4) 몇몇 동사는 형용사 앞에 전치사가 붙기도 한다.

　　On l'a considéré comme bon pour le service.

　　그는 그 일의 적임자 판정을 받았다.

　　On peut qualifier sa conduite de courageuse.

　　그의 행동은 용감하다는 말을 들을 수 있다.

　　tenir un fait pour certain.

　　사실을 확실한 것으로 생각하다.

4. 기타

- vouloir de *qch/qn* comme   …을 …으로 받아들이다.
- vouloir *qch/qn* + 속사 (…가 …인 것을) 바라다, 원하다.

  ▷Comment voulez-vous votre steak?

  스테이크 어느 정도 구울까요?

  ▶Je le veux à point.

  반 정도 구운 걸로 해주세요.

연 습 문 제

■ 아래 우리말을 프랑스어로 표현해 보세요.

1. 나는 사장한테 월급을 올려달라고 했다.
   (demander/patron/augmenter)

2. 금연을 부탁드립니다.
   (← 담배 피우지 않는 것을 빕니다, 요청합니다)
   (prier 또는 demander/ne/pas/fumer)

3. 참고자료에 관해서는 나의 홈페이지를 보세요.
   (←홈페이지를 참조하기를 권합니다)
   (pour les textes de référence/inviter/consulter/site)

4. 그는 전화로 우리들에게 와 달라고 했다.
   (← 우리가 오도록 전화했다)
   (téléphoner/venir)

5. 답신을 보내지 못해 죄송합니다.
   (←답신을 보내지 못한 데에 대해, 양해해 주시기 바랍니다)
   (excuser/vous/ne…pas/répondre)

6. 그는 집을 나가버리겠다고 부모를 위협했다.
   (menacer/parent/quitter/maison)

7. 우리들한테 3시에 오라고 강요할 수 없어요.
   (pouvoir/imposer/arriver/à trois heures)

8. 선생님이 공부를 계속하는 것을 단념하는 것이 좋을 거라고 그 여자에게 말했다.
   (professeur/décourager/continuer ses études)

9. 나는 그런 어조로 나에게 말하지 말라고 쥴리앵(Julien)에게 말했다.

   (défendre /Julien/parler/sur ce ton)

10. 쥴리(Julie)는 여행을 너무 많이 한다고 자기 남편을 나무란다.

    (Julie/reprocher/mari/voyager/trop)

11. 당신을 사진 찍어도 될까요?

    (vous/permettre 또는 autoriser/prendre/en photo)

12. 쟝 베나르(Jean Benard)가 전하는 말입니다.

    자기가 아프다고 나더러 당신한테 말해달라고 했습니다.

    (C'est de la part de Jean Bénard.

     Il/charger/dire/qu'il est malade)

13. 곧 바로 귀가하라고 말해 달라고 자네 집사람으로부터 부탁을 받았어.

    (femme/charger/dire/rentrer/immédiatement)

14. 내가 사건의 장본인이라는 의심을 받았다.

    (soupçonner/être l'instigateur de l'affaire)

15. 물을 끓이시오.

    (bouillir/eau)

16. (경관이 운전자에게) 면허증 좀 봅시다.

    (voir/permis)

17. 허가 없이 기계를 작동시키지 마시오.

    (marcher/machine/sans autorisation)

18. 나는 차게 된 수프를 다시 데웠다.

　　(réchauffer/soupe)

19. 나는 그것을 햇볕에 말렸다.

　　(sécher/au soleil)

20. 닭고기를 소량의 기름으로 튀기세요.

　　(sauter/poulet/huile)

21. 시내 안내를 해 드릴까요. (←시내를 방문하게 할 것을 제안합니다)

　　(proposer/visiter/ville)

22. 기다리게 해서 죄송합니다.

　　(excuser/attendre)

23. 나는 그 여자를 한 시간 기다리게 만들었다.

　　(attendre/une heure)

24. 이 노래를 들으면 어머니 생각이 난다.

　　(quand/entendre/chanson/penser/maman)

25. 시험 때는 한 좌석씩 건너 띄고 우리들을 앉혔다.

　　(pour l'examen/asseoir/en/laisser une chaise vide entre chaque élève)

26. 차 시동을 걸어라.

　　(voiture/en marche)

27. 나는 알람시계를 6시에 맞춰 놓았다.

　　(mettre/réveil/sonner)

28. (셋집을 보고 난 뒤 중개인에게 하는 말)

   좀 생각해 보고(←나에게 숙고하도록 놓아주시고), 목요일이나 금요일에 다시 전화 드릴께요.

   (laisser/réfléchir/et/rappeler)

29. 기사 양반, 나 여기 내려주시오.

   (chauffeur/descendre)

30. 이 프로 끝까지 보게 놔둬.

   (regarder/émission/jusqu'au bout)

31. 이번에는 내가 너한테 져주지. (← 네가 이기도록 놓아두지)

   (aller/gagner/cette fois-ci)

32. (전철을 기다리면서)

   이번 차는 초만원이야. 이것 보내고 다음 것 기다리자.

   (train/bondé//partir/et/attendre/le suivant)

33. 나는 그가 계단을 올라가는 것을 보았다.

   (voir/monter/escalier)

34. 나는 연어 한 마리가 강을 거슬러 올라가는 것을 보았다.

   (voir/saumon/remonter/rivière)

35. 이 해안에서는 맑은 날에는 대마도(Tsushima)가 보인다.

   (côte/pouvoir/voir/par temps clair)

36. 저 멀리 산들이 보인다.

   (voir/montagne/dans le lointain)

37. 나는 그가 바닥에 앉아 있는 것을 보았다.
   (voir/asseoir/par terre)

38. 뉴턴(Newton)은 사과가 떨어지는 것을 보고 중력을 발견했다.
   (découvir/gravité/en/voir/pomme/tomber).

39. 우리는 그가 노래부르는 것을 들었다.
   (entendre/chanter)

40. 당신 소문은 들었습니다.
   (entendre/parler)

41. 나는 옆방에서 어떤 여자가 소리를 지르는 것을 들었습니다.
   (entendre/femme/crier/pièce à côté)

42. 체력이 줄어드는 것 같다.
   (sentir/forces physiques/diminuer)

43. 나는 중국요리를 별로 안 좋아한다. 너무 기름져서(←무거워서)
   (ne…pas/aimer/beaucoup/cuisine chinoise//trouver/trop/lourd)

44. 모두가 다 그에게 호감을 갖고 있다.
   (tout le monde/trouver/sympathique)

45. (소음이 계속적으로 날 때)
   시끄러워 미칠 지경이다. (← 이 소음이 나를 미치게 할 것이다)
   (bruit/rendre/fou)

46. 많은 사람들이 그를 진보주의자로 보고 있으나 그건 틀린 말이다.
   (beaucoup de gens/considérer/progressiste/mais, c'est faux)

47. 그는 나를 자기의 적으로 여긴다.

    (considérer/son ennemi)

48. 너, 나를 바보로 보는 거야?

    (Tu/prendre/imbécile)

49. 내가 거짓말쟁이다 이 말씀이야?

    (← 나를 거짓말쟁이로 취급하는 거야?)

    (Tu/traiter/menteur)

50. 저를 제자로서 절대로 받아주지 않을 겁니까?

    (ne ⋯ jamais/aller/vouloir/élève)

1. J'ai demandé au patron de m'augmenter.
2. Je vous prie de ne pas fumer.

   = Je vous demande de ne pas fumer.
3. Pour les textes de référence, je vous invite à consulter mon site.
4. Il nous a téléphoné de venir.
5. Excusez-moi de ne pas vous avoir répondu.
6. Il a menacé ses parents de quitter la maison.
7. Vous ne pouvez pas nous imposer d'arriver à trois heures.
8. Le professeur l'a découragée de continuer ses études.
9. J'ai défendu à Julien de me parler sur ce ton.
10. Julie reproche à son mari de trop voyager.
11. Vous me permettez de vous prendre en photo?

    = Vous m'autorisez à vous prendre en photo?
12. C'est de la part de Jean Bénard.

    Il m'a chargé de vous dire qu'il est malade.
13. Ta femme m'a chargé de te dire de rentrer immédiatement.
14. On m'a soupçonné d'être l'instigateur de l'affaire.
15. Faites bouillir de l'eau.
16. Faites-moi voir votre permis.

    = Montrez-moi votre permis.
17. Ne faites pas marcher la machine sans autorisation.
18. J'ai fait réchauffer la soupe.
19. Je l'ai fait sécher (en l'exposant) au soleil.
20. Faites sauter le poulet avec un peu d'huile.
21. Je vous propose de vous faire visiter la ville.
22. Excusez-moi de vous faire attendre.
23. Je l'ai fait attendre une heure.
24. Quand j'entends cette chanson, ça me fait penser à maman.
25. Pour l'examen, on nous a fait asseoir en laissant une chaise vide entre chaque élève.
26. Mets la voiture en marche.

    = Fais démarrer la voiture.

27. J'ai mis le réveil à sonner à six heures.

   = J'ai réglé le réveil sur six heures.

28. Laissez-moi réfléchir et je vous rappellerai jeudi ou vendredi.

29. Chauffeur, laissez-moi (descendre) ici.

30. Laisse-moi regarder cette émission jusqu'au bout.

31. Je vais te laisser gagner cette fois-ci.

32. Ce train est bondé. Laissons-le partir et attendons le suivant.

33. Je l'ai vu monter les escaliers.

34. J'ai vu un saumon remonter la rivière.

35. De cette côte, on peut voir Tsushima par temps clair.

36. On voit des montagnes dans le lointain.

37. Je l'ai vu assis par terre.

38. Newton a découvert la gravité en voyant tomber une pomme.

39. Nous l'avons entendu chanter.

40. J'ai entendu parler de vous.

41. J'ai entendu une femme crier dans la pièce à côté.

42. Je sens mes forces physiques diminuer.

   Je sens diminuer mes forces physiques.

43. Je n'aime pas beaucoup la cuisine chinoise : je la trouve trop lourde.

44. Tout le monde le trouve sympathique.

45. Ce bruit me rendra fou.

   = Je vais devenir dingue avec ce bruit!(구어적)

46. Beaucoup de gens le considèrent comme un progressiste, mais c'est faux.

47. Il me considère comme son ennemi.

   = Il me prend pour son ennemi.

48. Tu me prends pour un [une] imbécile ?

49. Tu me traites de menteur?

50. Vous n'allez jamais vouloir de moi comme élève?

● 제 5 장 형용사의 확장 구조 ●

형용사 뒤에 전치사로 연결되는 보어가 붙을 수가 있다. 보어에는 명사, 대명사, 부정사가 올 수 있다. 어떤 종류의 보어가 올 수 있는지, 어떤 전치사로 연결되는지는 형용사가 어떤 그룹에 속하는가에 달려 있다.

1 후속 전치사에 따른 형용사의 분류

1. 〈 à 〉

· accessible à *qn/qch* 가까이 갈 수 있는; 이해할 수 있는;
  jardin accessible au public 아무나 들어갈 수 있는 공원.
· adapté à *qch* …에 적합한
· adroit à *qch* …에 능숙한.
· attaché à *qn/qch* …에 애착이 있는; …에 집착하고 있는.
· attentif à *qn/qch* …에 주의를 기울이는.
· comparable à *qch* …에 필적하는.
· commun à *qch/qn* …에 공통적으로 있는.
· conforme à *qch* …대로인, …와 일치하는.
· contraire à *qch/qn* …에 반하는; …에 적합하지 않은, 해를 주는
· décidé à *qch* 〔à + inf.〕 …할 결심을 하고 있는.
· défavorable à *qch/qn* …에 호의적이 않은, 좋게 생각하지 않은.
· déterminé à + inf. …할 마음을 굳히고 있다.
· difficile à + inf. …하기가 어려운.
  Ce travail est trop difficile à faire. Je préfère renoncer.
  이 일은 하기 너무 어렵다. 나는 포기하는 쪽이다.
· il est difficile à *qn* de + inf. …에게는 …하기가 어려운 일이다.
  Il m'est diffcile de vous répondre pour le moment.
  지금으로서는, 제가 당신에게 답변을 드리기 어렵습니다.
· disposé à + inf. …할 기분인, 기꺼이 …하는.

· étranger à *qch/qn* …에 관심이 없는; …에 어두운; …과 관계가 없는; 낯선, 생소한

· long à + inf …하는 데 시간이 많이 걸리는.

· occupé à *qch* 〔à + inf〕 …하느라고 바쁘다

· opposé à *qch* …에 반대 의견인; …와 반대인.

· parallèle à *qch* …과 평행이인

· résistant à *qch* …에 내구성이 있는.

　verre résistant à la chaleur 내열 유리

· semblable à *qn/qch* …과 유사한

· sensible à *qch* …에 민감한

· soumis à *qn/qch* …의 영향 밑에 있는.

· sujet à *qch* 〔à + inf.〕 …에 약한, …을 해야 하는; …하기 쉬운

　Le prix de l'or est constamment sujet à des fluctuations.
　금값은 항상 유동적이다.

Rem. 특정의 형용사+ à + inf. 에 대하여는 별도 항목 ③ 참조.

2. 〈avec〉

　이 전치사와 함께, 형용사의 보어가 되는 명사는 인물명사인 경우가 절대적이다.

　1) avec + *qn* : "(누구에게 대하여) 어떻게 대하다."라는 뜻의
　　대인관계를 나타낼 수 있는 형용사군이 여기에 속한다.

　　　Il est très compatissant avec les autres.
　　　그는 다른 사람에 대해 이해심이 많다.
　　　Il est gentil avec nous.
　　　그는 우리들에게 호의적이다.
　　　Soyez impartial avec les élèves.
　　　학생들을 공평하게 대해 주세요.

　　agressif 공격적인, arrogant 건방진, 뽐내는, compatissant 동정심이 많은,

courtois (특히, 남자가 여자에게)예의를 갖추는, cruel 잔인한, dur 엄한, 심한, fier 뻐기는, 뽐내는, franc 솔직한, gentil 친절한, 잘해주는, impartial 편파적이지 않은, impoli 불손한, indulgent 잘못을 너그럽게 봐주는, laconique 조그마한 실수도 용납하지 않는, libre 거리낌이 없는, méchant 고약한, permissif 여간해서 잘 나무라지 않는, poli 공손한, sévère 엄한, strict 엄격한, sympa(thique) 다정한, 친근감이 있는, timide 얼굴을 가리는,

Rem. avec 대신에 envers를 쓰는 경우도 있지만 문어적이다.

2) avec + *qch* 으로 형용사의 보어로 되는 경우는 극히 적다.
  compatible avec *qch* …과 양립할 수 있는; 호환성이 있는.
  conciliable avec *qch* …과 양립할 수 있는

3. 〈de〉
  · absent de *qch*　…에 결석한, 자리에 있지 않은.
    Il est absent du bureau, aujourd'hui.
    그는 오늘 회사를 쉬고 있다.
  · âgé de… ans …세인.
    Il est âgé de quarante ans.
    그는 40세이다.
  · amoureux de *qn*/*qch*　(…사람을) 사랑하는; (…일에) 몰두하는.
    tomber amoureux de *qn* au premier coup d'oeil
    한 눈에 홀딱 반하다.
  · atteint de *qch* 어떤 병에 걸려 있는.
  · avide de *qch* 〔de + inf.〕 …을 〔…하는 것을〕 갈망하는
  · bondé de *qn*/*qch* …으로 꽉 차 있는.
  · capable de + inf. …할 수 있는, …할 능력이 있는.
  · certain de *qch* 〔de + inf.〕 …을 확신하는.
  · confus de *qch* 〔de + inf.〕 …에 당혹감을 느끼는, 수치스러운.

- content de *qch* 〔de + inf. 〕 …로 기쁜, 만족하는.

    de *qn* 누구의 하는 일에 대하여 만족하는.

- convaincu de *qch* 〔de + inf.〕 de + inf. …을 확신하는.
- coupable de *qch* 〔de + inf. 〕 …의 죄가 있는.
- couvert de *qch*　…으로 덮여 있는.
- curieux de *qch*…에 흥미가 있는.

    de + inf. 꼭 …하고 싶어하는: savoir, connaître, voir 등의 동사만 결
            합하여 사용.

- désireux　de + inf. 몹시 …하고 싶어하는.
- désolé de *qch* 〔de + inf.〕 …에 대해 유감인, …하게 되어 죄송한.
- différent de *qn/qch* …와는 다른.
- digne de *qch/qn* 〔de + inf.〕 …에 〔…하는 데〕 가치가 있는; 적합한.
- doué de *qch*　…을 선천적으로 가지고 있는.
- économe de *qch*　…을 함부로 사용하지 않는, 아끼는.
- équipé de *qch* …을 장비하고 있는, 갖추고 있는.
- exempt de *qch* (의무 따위가) 면제된; (위험을) 모면한; (결점 따위가) 없는
- fier de *qch/qn* 〔de + inf.〕 …을 자랑하는.
- fou de *qch/qn*　…에 열중하고 있는, 반한; …으로 미친 사람처럼 되는.
- furieux de *qch* 〔de + inf.〕/furieux contre *qn* …에 대하여 화가 나 있는.
- heureux de *qch* 〔de + inf.〕 …으로 〔…하여〕 기쁜.
- honteux　de *qch* 〔de + inf.〕 …이 〔…하는 것이〕 창피스러운.
- innocent de *qch* …을 범하지 않은; 무죄의.
- impatient de + inf. …하고 싶어 안달복달하는.
- inquiet　de 〔au sujet de, pour〕 … 때문에 걱정을 하는.

    de + inf. …일까봐 걱정이 되다.

- jaloux de *qch/qn* 질투하는, 시기하는.
- las de *qch* 〔de + inf.〕 …에 〔…하는 데〕 신물이 난.
- libre de *qch* 〔de + inf〕 …에서 면제된; 자유로이 …할 수 있는.
- originaire de …원산인, 출신인.

- plein de *qn*/*qch* …으로 만원인, …으로 가득 차 있는.
- préoccupé de *qch* 〔de + inf.〕 …에 〔…하는 것에〕 대하여 걱정하는
- proche de *qch* …에 가까운.
- ravi de *qch* 〔de + inf.〕 …으로 〔…하게 되어〕 대단히 기쁜.
- reconnaissant à *qn* de *qch* 〔de + inf.〕 …에 대하여
  〔…하는 것에 대하여〕 …에게 감사하는.
- responsable de *qch* /de *qn* 〔*qch*〕 …에 책임이 있는; …의 관리를 맡고 있는.
- riche de *qch* …으로 가득한.
- satisfait de *qn*/*qch* …으로 만족하고 있는.
- soucieux de *qch* 〔de + inf.〕 …에 〔…하는 것에〕 유의하는
- sûr de *qch* 〔de + inf.〕 …을 신뢰하는, …을 확신하는.
- susceptible de *qch* 〔de + inf.〕 …의 〔…할〕 여지가 있는.
- vide de *qch* …가 없는.
- voisin de *qch* …에 인접한; …와 비슷한.

4. 〈en〉

1) 학과목(수학, 지리학, 영어, ….), 기술(바느질, 조각, 공예, …)을 잘한다, 잘못한다, 능숙함의 정도를 나타내는 표현에 쓰인다:

  Il est nul en informatique. 그는 컴퓨터를 전혀 모른다.

- adroit 능숙한.
- bon 잘 하는.
- doué 소질이 있는.
- expert 전문가인.
- faible 잘 못하는, 약한.
- fort 잘 하는, 강한.
- ignorant 모르는, 문외한인.
- maladroit 서툰.
- médiocre 신통치 않은. …의 실력이 보잘것없는.
- nul 전혀 못하는

2) 자원 따위가 풍부함이나, 빈곤함을 나타내는 형용사 뒤에서:

　　　article riche en informations 정보가 풍부한 기사.

- abondant 풍부한. (문어적)
- fécond 풍부한.

　　　　vie féconde en coups de théâtre 파란 만장한 생애

- fertile 비옥한; 많은.
- pauvre 부족한, 결핍된.
- riche 풍부한, 많이 있는.

5. ⟨dans⟩

- compris (dans *qch*)…에 포함된

　　Les frais d'envoi sont compris dans la facture.
　　발송비가 계산서에 포함되어 있다.

- efficace dans *qch* …에 유능한.
- lent dans *qch* [de + inf.] …에 […하는 것에] 느린.

6. ⟨pour⟩

- connu pour *qch* …으로 유명한.
- doué pour *qch* …에 재능이 있는.

　　Il est doué pour la musique. (= Il est doué en musique.)
　　그는 음악에 재능이 있다.

- fait pour *qn/qch* [pour + inf.] … 성향을 갖고 있는;

　　　　　　　　　　… 에 적합한; 용도가 … 하기 위함인.

　　Ces ciseaux ne sont pas faits pour couper de la viande.
　　이 가위는 고기 절단용이 아니다.

②　형용사 확장 구조의 특이 사항

1. 보어가 붙음으로써 안 붙을 때와 의미가 달라지는 경우

　　Cette table est propre.

이 테이블은 깨끗하다.

Cette table est propre à repassage.

이 테이블은 다림질용이다.

Cette coquille est curieuse.

이 조개는 드물게 보는 것이다.

Cette dame est curieuse de nouvelles.

이 부인은 소식을 듣고 싶어한다.

　cf. 약간의 의미차이가 있는 경우:

　　Il est âgé. 그는 노인이다.

　　Il est âgé de 20 ans. 그는 20살이다.

2. 보어가 필수 성분이 되는 형용사 (보어 없이는 사용할 수 없는 형용사)

　On est sujet à son devoir. 사람은 의무를 지켜야하는 법이다.

　Il est sujet (enclin) à boire. 그는 주벽이 있다.

　Personne n'est exempt de la mort. 누구도 죽음을 피할 수 없다.

3. 전치사를 다르게 취하여 뜻이 달라지는 경우

　Il est fâché contre toi.

　　그는 너 때문에 화가 나 있다.

　Il est fâché avec son frère.

　　그는 동생〔형〕과 사이가 틀어져 있다.

　Il est doué pour la musique〔en musique〕.

　　그는 음악에 재능이 있다.

　Il est doué d'une excellente mémoire.

　　그는 좋은 기억력을 갖고 태어났다.

　　그는 날 때부터 기억력이 좋다.

③ 본문의 주어가 형용사를 한정하는 부정사의 목적어인 문장

  facile à comprendre 이해하기가 쉬운, bon à manger 먹을 수 있는, 등등으로 전치사 à를 매개로 하여 형용사와 부정사를 연결하여 굳어진 표현처럼 되어 있다. 이때 부정사는 원칙적으로 타동사라야 한다.

  1. SN + être + 특정의 형용사 + à + inf.

      SN, c'est + 특정의 형용사 + à + inf. (구어적)

      Les feuilles des érables sont agréables à voir.

      단풍나무 잎은 보기에 좋다.

      Les taudis, c'est désagréable à voir.

      감방 따위 구경하기도 싫다. (←감방들은 구경하기에 불쾌하다)

      특정의 형용사:

            · agréable 유쾌한.

            · désagréable 불쾌한.

            · difficile 어려운, 불가능한.

            · dur 힘든.

            · facile 쉬운.

            · impossible 불가능한.

            · long 시간이 많이 걸리는.

            · pénible 괴로운.

            · simple 간단한.

               ··· 등등

  2. 가주어 형태의 구문과의 비교.

      1) 이 문형은 C'est 〔Il est〕 +형용사+ de + inf. 로 바꾸어 쓸 수 있다. (Il est ···형은 다소 문어적이다)

          이 과는 배우기 쉽다.

            Cette leçon est facile à apprendre.

              → C'est facile d'apprendre cette leçon.

이 단어는 발음하기가 쉽지 않다.

　　Ce mot n'est pas facile à prononcer.

　　→ Ce n'est pas facile de prononcer ce mot.

2) "누구에게"에 해당되는 표현은 pour *qn* 또는 간접보어 인칭대명사로 나타낼 수 있다.

　　이 음식은 환자가 먹기에는 좋지 않다.

　　Cette nourriture n'est pas bonne à prendre pour les malades.

　　이 차는 내가 마시기에는 너무 뜨겁다.

　　Ce thé est trop chaud à boire pour moi.

　　나로서는 침묵을 지키기가 힘들다.

　　Il m'est difficile de garder le silence.

3) SN + être + 특정의 형용사 + à + inf. 와는 달리 C'est+ 형용사+ de + inf. 는 어휘 선정에 특별한 제약이 없다.

　　C'est triste de mourir si jeune.

　　그렇게 젊은 나이에 죽는 것은 슬픈 일이다.

　　Il est admirable de consacrer sa vie aux autres.

　　남에게 자기의 생애를 바치는 것은 훌륭한 일이다.

　　Ça nous a été profitable de pouvoir échanger nos idées.

　　서로 의견을 교환할 수 있는 것은 우리에게 유익했다.

　　Rem. C'est는 복합과거가 되면 Ça a été가 된다.

연 습 문 제

■ 형용사가 보어를 취할 때 어떤 형이 되는 가를 먼저 잘 생각하고 아래 우리말을 프랑스
어로 표현해 보세요

1. 나는 암산을 잘 합니다.
   (bon/calcul mental)

2. 나는 공부가 이제 지겹다.
   (fatigué/étudier)

3. 그는 나에게 너무 심하게 한다.
   (← 그는 나에 대해서 너무나 심하다)
   (trop/dur/moi)

4. 당신을 알게 되어서 기쁩니다.
   (enchanté/connaître)

5. 그는 시험 준비하느라 아주 바쁘다.
   (très/occupé/préparer/examen)

6. 이 지도는 운전하는 사람에게 아주 유용했다.
   (carte/très/utile/conducteur)

7. 그는 너무 자신만만하다.
   (trop/sûr)

8. 이 문제는 풀기 쉽다.
   (question/facile/résoudre)

9. 이 계획은 실현 불가능이 되어버렸다.
   (plan/devenir/impossible/réaliser)

10. 스페인어는 이탈리아어와 가깝다.
    (espagnol/proche/italien)

11. 이 거리는 강과 평행이다.
    (rue/parallèle/rivière)

12. 그녀는 몸이 허약하여 학교에 결석할 때가 많다.
    (comme/avoir/santé fragile/être absent/souvent/école)

13. 삼각형 ABC는 삼각형 DEF와 닮은꼴이다.
    (triangle ABC/semblable/triangle DEF)

14. 솔직하게 말하겠어요.
    (← 당신에 대해서 솔직하게 대하겠습니다)
    (aller/franc/vous)

15. 기후가 그 여자에게 맞지 않다.
    (climat/contraire)

16. 이 호텔에는 각 방에 TV가 있다.
    (hôtel/chaque chambre/équipé/télévision)

17. 아이들은 종종 동물을 학대한다.
    (enfant/cruel/parfois/animal)

18. 레몬에는 비타민 C가 많이 들어 있다.
    (citron/riche/vitamine C)

19. 그는 평균 이하의 점수를 받았다.
   (avoir/note/inférieur/moyenne)

20. 나는 새로 산 차가 마음에 든다.
   (← 나는 나의 새차에 대해 만족이다)
   (content/nouveaux/voiture)

21. 그는 동료의 승진을 시기하였다.
   (jaloux/promotion/collègue)

22. 어머니는 막내아들에게 관용을 꽤 많이 베푼다.
   (La mère/assez/indulgent/le plus jeune)

23. 그는 체육과목 이외에는 전부 다 형편없다.
   (nul/partout/sauf/éducation physique)

24. 그녀는 자기 어머니와 전혀 다르다.
   (très/différent/mère)

25. 그의 사고 방식은 나와 비슷하다.
   (façon/penser/semblable)

26. 그녀는 돈을 저축할 수 없다.
   (incapable/mettre de l'argent de côté)

27. 그 여자는 일을 빨리 하지 못한다.
   (lent/son travail)

28. 그는 의사 기질이 아니다.
   (fait/être médecin)

29. 그는 그녀를 미치게 사랑하지만 그건 짝사랑이야.

    (fou/mais ce n'est pas réciproque)

30. 당신 얼굴은 많이 본 얼굴입니다.

    (← 당신 얼굴은 나에게 낯설지 않습니다.)

    (visage/ne…pas/étranger)

31. 이 디스켓은 대부분의 기종에서 사용할 수 있다.

    (disquette/compatible/la plupart des matériels)

32. 교회를 기준으로 보면 우리 집은 찾기가 쉽다.

    (maison/facile/trouver/si/prendre/église/comme point de référence)

33. 나는 그 사람에게서 소식이 없어 걱정이 된다.

    (inquiet/ne pas recevoir de ses nouvelles)

34. 그들과 전화 연락하는 것은 불가능했다.

    (←전화로 그들과 합류하다)

    (impossible/joindre/par téléphone)

35. 우리의 예상과는 완전히 반대되는 결과가 나왔다.

    (résultat/comlètement/opposé/prévisions)

36. 지금으로서는 제가 답변을 드리기가 어렵습니다.

    (difficile/vous/répondre/pour le moment)

37. 이 책의 제목은 내용과 적합하지 않다.

    (titre/livre/adapté/contenu)

38. 그는 자신에게는 혹독하나 다른 사람에게는 친절하게 대한다.

    (dur/lui-même/mais/gentil/les autres)

39. 그는 첫 눈에 그 여자한테 홀딱 반했다.

    (tomber/amoureux/au premier coup d'oeil)

40. 딴 생각하면서 운전하는 것은 아주 위험하다.

    (très/dangereux/conduire/penser/autre chose)

◆ 제 5 장 형용사 확장 구조 연습 문제 정답

1. Je suis bon(ne) en calcul mental.

2. Je suis fatigué(e) d'étudier.

   J'en ai assez d'étudier. J'en ai assez de travailler.

   구어적 J'en ai marre de….

3. Il est trop dur avec moi.

   = Il me traite mal.

   = Il n'est pas gentil avec moi.

4. Je suis enchanté(e) de vous connaître.

5. Il est très occupé à préparer son examen.

6. Cette carte a été très utile au conducteur.

7. Il est trop sûr de lui.

8. Cette question est facile à résoudre.

9. Ce plan est devenu impossible à réaliser.

   = Ce plan a avorté.

10. L'espagnol est proche de l'italien.

11. Cette rue est parallèle à la rivière.

12. Comme elle a une santé fragile, elle est souvent absente de l'école.

13. Le triangle ABC est semblable au triangle DEF.

14. Je vais être franc〔franche〕avec vous.

15. Le climat lui est contraire.

16. Dans cet hôtel, chaque chambre est équipée d'une télévision.

17. Les enfants sont parfois cruels avec les animaux.

18. Les citrons sont riches en vitamine C.

19. Il a eu une note inférieure à la moyenne.

20. Je suis content(e) de ma nouvelle voiture.

    = Je suis satisfait(e) de ma nouvelle voiture.

21. Il a été jaloux de la promotion de son collègue.

22. La mère est assez indulgente avec le plus jeune.

23. Il est nul partout sauf en éducation physique.

24. Elle est très différente de sa mère.

25. Sa façon de penser est semblable à la mienne.

26. Elle est incapable de mettre de l'argent de côté.

27. Elle est lente dans son travail.

28. Il n'est pas fait pour être médecin.

29. Il est fou d'elle, mais ce n'est pas réciproque.

30. Votre visage ne m'est pas étranger.

31. Cette disquette est compatible avec la plupart des matériels.

32. Ma maison est facile à trouver si on prend l'église comme point de référence.

33. Je suis inquiet [inquiète] de ne pas recevoir de ses nouvelles.

34. Ça [Il] a été impossible de les joindre par téléphone.

35. Le résultat a été complètement opposé à nos prévisions.

36. Il m'est difficile de vous répondre pour le moment.

37. Le titre de ce livre n'est pas adapté à son contenu.

38. Il est dur avec lui-même, mais gentil avec les autres.

39. Il est tombé amoureux d'elle au premier coup d'oeil.

40. Il est très dangereux de conduire en pensant à autre chose.

◉ 제 6 장 명사 술어 ◉

[동사 + SN]이 한 그룹으로 되어 술어적 기능을 하는 구문의 연습

① avoir

1. avoir + 무관사 명사 + (상황보어)

　　　(mal, faim, soif, chaud, froid, …)

　　　J'ai très mal à l'estomac. 나는 배가 몹시 아프다.

· avoir lieu 개최되다.

· avoir bonne/mauvaise mine 안색이 좋다/나쁘다.

· avoir rendez-vous 약속이 있다.

2. avoir besoin de + SN 〔de + inf.〕

　　　J'ai besoin de │ toi.

　　　　　　　　　　│ ton aide.

　　　나는 네가 〔너의 도움이〕 필요하다.

　　　Il n'a pas besoin de venir.

　　　그는 올 필요가 없다.

　　SN이 부분관사, 부정관사의 복수형의 명사일 때는 관사가 생략됨.

　　Maman, j'ai besoin d'argent… 엄마, 돈이 필요한데…

　　J'ai besoin de nouvelles lunettes. 나는 새 안경이 필요하다.

　　비교:　Ta chambre a besoin │ d'un bon nettoyage.

　　　　　　　　　　　　　　　　│ d'un nettoyage.

　　　　　　　　　　　　　　　　│ de nettoyage.

　　　　　　네 방은 잘 청소할 필요가 있다.

　　　　　　　한번 청소할 필요가 있다.

　　　　　　　　청소할 필요가 있다.

J'ai besoin | d'une enveloppe.　나는 봉투가 한 장 필요하다.

　　　　　　| d'enveloppes.　　　나는 봉투가 몇 장 필요하다.

유사한 통사 구조를 갖는 어귀:

- avoir envie de *qch*/(*qn*) 〔de + inf.〕 …을 갖고 싶다,
  　　　　　　　　　　　　　　　　　　　…하고 싶다.
- avoir honte de *qch*/*qn* 〔de + inf.〕　…에 부끄러움을 느끼다,
  　　　　　　　　　　　　　　　　　　　…하기가 부끄럽다.
- avoir peur de *qch* 〔de + inf.〕 …을 두려워하다,
  　　　　　　　　　　　　　　　　…하는 것을 두려워하다.
- avoir horreur de *qch*/*qn* 〔de + inf.〕 …을 아주 싫어하다.
- en avoir marre de *qch*/*qn* 〔de +inf. 〕 …이 지긋지긋하다, 신물나다.
- avoir hâte de + inf. 속히 …하고 싶어하다.
- avoir raison 〔tort〕. …가 (…의 말이) 옳다 〔그르다〕
- avoir raison 〔tort〕 de + inf. …하는 것은 옳다 〔그르다〕

3. avoir 또는 y avoir + 부정관사+ 특정의 명사 + de + inf.

　　Vous n'avez pas de raison de douter de lui.
　　당신이 그 사람을 의심하는 것은 잘못 생각한 것입니다.

　　※ 특정의 명사: raison 이유, motif 동기, occasion 기회, possibilité 가능성.

4. avoir + | 수량 부사 + de + | 특정의 명사 + pour + inf.
　　　　　| 부분관사　　　 |

　　Il est 10 h. Nous avons encore assez de temps pour prendre
　　un café.
　　10시다. 커피 한 잔 들 시간은 아직 있다.

　　※ 특정의 명사 : temps 시간, courage 용기, patience 용기,
　　　　　　　　　　énergie, force 힘, 등등.

5. avoir + 정관사 + 특정의 명사 + de + inf.

　　Tu n'as pas le droit de risquer ta vie.

　　목숨을 거는 따위를 해서는 안 된다.

　　Le champion n'a pas encore eu l'occasion d'être interviewé par les journalistes.

　　챔피언은 기자들로부터 인터뷰를 받을 기회를 갖지 못 했다.

　　※ 특정의 명사 : temps 시간, 여유, habitude 습관, énergie 에너지, 힘,
　　　　　　　　　　courage 용기, occasion 기회, 운, droit 권리, patience 인내심,
　　　　　　　　　　capacité 능력, don 재능, possibilité 가능성, 등등.

6. 중요한 숙어 표현
　　· avoir du temps à + inf. (특정의 동사) …할 시간이(여가가) 있다.
　　　　　　▷Elle collectionne les sacs en papier.
　　　　　　그 여자는 봉지 수집을 하고 있어.
　　　　　　▶Elle a du temps à gaspiller.
　　　　　　시간도 많구만.
　　　On n'a pas de temps à perdre.
　　　우물쭈물할 시간이 없다.
　　　Aujourd'hui, je n'ai pas beacoup de temps à vous consacrer.
　　　오늘은, 당신 일에 할애할 시간이 많이 없소.

　　　※ 특정의 동사: perdre, donner, accorder, gaspiller, consacrer 등등…

　　· avoir du mal à + inf. …하는 데 어려움을 갖다, 힘들다.
　　　J'ai eu du mal à arriver jusqu'ici.
　　　여기까지 오는 데 힘들었습니다.
　　· avoir tendance à + inf. …하는 경향이 있다.
　　· avoir confiance en *qn* …에게 믿음을 갖다.
　　· avoir l'air + 형용사 [de + inf.] …같다, …같이 보이다.

2 faire

1. faire + SN

faire des [les] courses/du shopping 쇼핑을 하다

faire du camping 캠핑을 하다.

faire un stage de tennis. 테니스 강습을 받다.

faire les vendages 포도 따기를 하다.

faire des feux d'artifice 불꽃놀이를 하다.

faire un feu de camp 캠프파이어를 하다.

faire un tour dans la ville 시내를 둘러보다.

faire un voyage en famille 가족 여행을 하다.

faire [prendre] une photo 사진을 찍다.

faire une partie de cartes 카드 게임을 하다.

faire une balade en voiture 자동차 드라이브를 하다.

2. 중요한 숙어 표현

· avoir pour objet *qch* [de + inf.] …을 목적, 대상으로 하다.

　Ce loi a pour objet le contrôle de l'immigration.

　= Ce loi a pour objet de contrôler l'immigration.

　　이 법은 이민자 유입 억제를 목적으로 하고 있다.

· être [faire] l'objet de *qch* …의 대상이 되다.

· faire attention à *qch* [à + inf.] …에 유의다, 조심하다.

· faire semblant (de + inf.) (…하는 척) 하다.

　Tu fais semblant de dormir!

　너, 자는 척하는구나!

· faire de son mieux 최선을 다하다.

· faire des efforts 노력하다.

· faire exprès (de + inf.) 고의로 (…)하다.

　Excuse-moi, je n'ai pas fait exprès.

　미안해, 일부러 그런 게 아니야.

Il a fait exprès de renverser le verre.

그는 일부러 잔을 엎질렀다.

· faire bien de + inf 는 복합과거형으로 "…하길 잘 했다"

J'ai bien fait de prendre mon imperméable.

레인 코트를 가져오길 잘 했다.

3. 스포츠 행위의 표현

faire + 부분관사

du sport 스포츠를 하다.

du tennis 테니스를 하다.

du jogging 조깅을 하다.

de l'équitation 승마를 하다.

du ski 스키를 타다.

du patin à glace 스케이트를 타다.

du skate-board 스케이트보드를 하다.

de la marche 워킹을 하다.

de l'escalade 암벽등반을 하다.

de la montagne 등산하다.

du vélo 사이클링을 하다.

연 습 문 제 A

I. 괄호 속의 단어들 중 이탤릭체로 주어진 단어가 있는 경우는 적절한 동사를 결합시켜 이 명사와 동사가 술어가 되도록 하면서 우리말을 프랑스어로 표현해 봅시다.

1. 모레 치과에 약속이 있다.
   (*rendez-vous*/dentiste)

2. 장례식은 다음주 화요일이다.
   (obsèques/*lieu*)

3. 자신감을 가져.
   (*confiance*)

4. 요사이 그녀의 표정이 밝아졌다.
   (*air*/joyeux/ces jours-ci)

5. 그 사람들을 동정하지 맙시다.
   (ne…pas/*pitié*)

6. (자려고 하는 사람에게 인사조로)
   좋은 꿈 꿔라.
   (beau/*rêve*)

7. 너 바지 다림질해야겠군.
   (← 너의 바지는 다림질을 필요로 한다.)
   (pantalon/*besoin*/repassage)

8. 이 녀석은 전혀 공부 안 하고 있어. 하는 척만 하고 있다구.
   (ce type-là/ne…pas du tout/travailler // *semblant*)

9. 나는 이제 빠리(Paris)가 지긋지긋하다.

　　(*marre*/Paris)

10. 그만. 무서워. 농담도 한계가 있어.

　　(arrêter // *peur* à qn/limites à la plaisanterie)

II. 아래 괄호 속에 주어진 단어 중 이탤릭체로 주어진 단어를 수식할 때 어떤 형식을 취하는지 주의하면서, 아래 우리말을 프랑스어로 표현해 봅시다.

1. 나의 아버지는 식사를 하면서 신문을 보는 습관이 있다.

　　(père/*habitude*/lire/journal/prendre/repas)

2. 그는 가정 형편상 대학 진학을 포기했다.

　　(abandonner *l'idée*/faire/des études supérieures/pour des raisons)

3. 매스컴은 정보 전달의 수단이다.

　　(mass-médias/*moyens*/véhiculer les informations)

4. 4시에 만날 사람이 있다.

　　(*quelqu'un*/voir)

5. ▷신고할 물품 있으세요?

　　　(déclarer)

　　▶예, 컴퓨터와 카메라인데요.

　　▷구입 영수증 있으세요?

6. ▷쇼핑할 게 있는데. 같이 안 갈래?

　　▶미안, 갈 수가 없어.

7. 빠리(Paris)를 관광하는 제일 좋은 방법은 걸어서 하는 것입니다.

　　(*La meilleure façon*/visiter/à pied)

8. 나는 그 사람 말투가 싫다.

   (ne⋯pas/aimer/*façon*/parler)

9. (길이 꽉 막혀 차가 빠져나가지 못할 때)

   빠져나갈 방법이 없을까?

   (y avoir/*moyen*/éviter ce bouchon)

10. 나이 든 사람들은 옛 관습에 집착하는 경향이 있다.

    (personne/âgé/*tendance*/tenir/vieilles coutumes)

III. 괄호 속에 이탤릭체로 된 단어가 있으면 이 단어를 술어로 만드는 동사를 생각하면서 아
    래 우리말을 프랑스어로 표현해 보세요

1. 아직도 졸려.

   (encore/sommeil)

2. 오늘 아침은 별로 배가 고프지 않다.

   (ne ⋯ pas/très/faim)

3. 나는 온몸이 다 아프다.

   (mal/partout)

4. 모두다 파업할 권리가 있다.

   (tout le monde/droit/grève)

5. 그 사람이 그런 식으로 말하는 것이 맞다.

   (*raison*/parler/comme ça)

6. 저는 연수를 받아야 합니다.

   (devoir/*stage*)

7. 이 기계 취급할 때 주의하십시오.

   (*attention*/manipuler/machine)

8. 내가 설거지할게.

   (aller/*vaisselle*)

9. 그의 테니스 실력이 나아졌다.

   (←그는 테니스에서 진보를 했다)

   (*progrès*/tennis)

10. 우리 집 사람은 요리를 잘 못합니다.

    (femme/*cuisine*/mal)

11. (차례를 지키지 않는 사람에게)

    남들처럼(←모든 사람처럼) 줄을 서요.

    (*queue*/comme tout le monde)

12. 그가 개회사를 했다.

    (*discours* d'ouverture〔inaugural〕)

13. 나는 자전거로 저수지를 한 바퀴 돌았다.

    (*tour*/étang/bicyclette)

14. 통화를 하고 있는 중에 TV소리가 방해가 되어서)

    그는 싸라(Sarah)에게 볼륨을 낮추라고 손짓을 한다.

    (*signe*/Sarah/baisser/son)

15. 이리 보세요, 사진 찍습니다.

    (regarder/*photo*)

연 습 문 제 B

■ 괄호 속에 이탤릭체로 주어진 단어에 유의하면서 아래 우리말을 프랑스어로 표현해 봅시다.(이탤릭체로 주어진 단어가 없는 것도 있음)

1. 나는 어제 밤 8시간 잤는데 아직도 졸려.
   (dormir/la nuit dernière/pourtant/encore/*sommeil*)

2. 대통령 선거는 5년마다 실행된다.
   (élections présidentielles/*lieu*)

3. 스키라면 난 자신 있어.
   (pour le ski/*confiance*)

4. 나는 새 이브닝 드레스가 한 벌 필요하다.
   (*besoin*/nouveau/robe du soir)

5. (오줌이 마려워하는 듯한 아이에게)
   쉬하고 싶어?
   (*envie*/pipi)

6. 자는 척하지 마.
   (*semblant*/dormir)

7. 똑같은 소리 듣는 것 이젠 신물이 난다.
   (*marre*/écouter la même chanson)

8. 오늘 오후 난 아르바이트 가야 해(가정교사로 교습을 해야한다는 뜻으로)
   (*cours particulier*/donner)

9. 나는 휴가를 떠날 여유가 없다.
   (ne…pas/*moyen*/partir en vacances)

10. 오늘 특별한 부탁이 하나 있는데요. (← 요청할 특별한 부탁이 있는데요)
   (*faveur spéciale*/vous/demander)

11. 그는 뻔뻔스럽게도 여기에 일주일 눌러 앉아 있었다.
   (*culot*/rester)

12. 그녀는 기회만 있으면 전도한다.
   (ne…pas/rater/*occasion*/propagande religieuse)

13. 프랑스 영화 한편을 구경해서 나는 빠리(Paris)에 있는 기분을 맛보았다.
   (en/voir/film/goûter/*sensation*/être à Paris)

14. 그에게 방에서 나가라고 눈짓했다.
   (D'un regard/*signe*/quitter/pièce)

15. 나는 6개월 걸려 유럽 여러 나라를 한 번 죽 둘러보았다.
   (*tour*/différents pays/Europe/six mois)

16. 일주일 장 볼 것을 나는 일요일날 한번에 다 본다.
   (dimanche/en une seule fois/*courses*)

17. 그의 새 사업이 아주 잘 되는 것 같다.
   (nouveau/affaires/*air*/prospérer)

18. 젊은이들이 점점 더 책을 읽지 않는 경향이 있다.
   (les jeunes/*tendance*/lire/de moins en moins)

19. 나는 주식에서 쓰라린 경험을 했다.
   (amère/*expérience*/bourse)

20. 나는 프랑스에서 살아 본 경험이 있다.
   (déjà/*expérience*/vivre/France)

21. (단체로 줄지어 박물관을 구경하는데 가이드나 앞사람이 너무 빨리 갈 때)
   그렇게 빨리 가지 마세요. 구경할 시간이 없어요.
   (aller/si vite // *temps*/voir)

22. 말하기가 부끄럽습니다만, 사실입니다.
   (*honte*/le dire/mais/vérité)

23. (선생님이 학생들에게) 출석 부릅니다.
   (*appel*)

24. 나는 우표 수집을 한다.
   (*collection*/timbre)

25. 나는 지난 밤 불길한 꿈을 꾸었다.
   (*rêve*/mauvais augure)

26. 이 고속도로는 자동차가 러시아워때가 되면 줄을 선다.
   (voiture/*queue*/heures de pointe/route)

27. 많은 사람들이 고민의 해결책을 구하려고 종교에 의지한다.
   (beaucoup de gens/*recours*/religion/trouver/solution/angoisse)

28. 감기에 걸리지 않도록 조심해
   (*attention*/prendre froid)

29. 전할 말씀이 있는데요.
   (communication)

30. (가족의 해외 여행 중에서)
   그러면 자동차를 렌트해볼까. 국제 면허증 가져오길 참 잘 했네.
   (Alors/aller/louer/voiture//apporter/permis international)

◆ 제 6 장 명사 술어 연습문제 정답

(A)

I.

1. Après-demain, j'ai rendez-vous chez le dentiste.
2. Les obsèques auront lieu mardi prochain.
3. Aie confiance en toi!
4. Elle a l'air joyeuse, ces jours-ci.
5. N'ayons pas pitié d'eux. = Ne les prenons pas en pitié.
6. Fais de beaux rêves.
7. Tes pantalons ont besoin de repassage.
8. Ce type-là, il ne travaille pas du tout. Il fait semblant!
9. J'en ai marre de Paris.
10. Arrête! Tu me fais peur. Il y a des limites à la plaisanterie.

II.

1. Mon père a l'habitude de lire le journal en prenant ses repas.
2. Il a abandonné l'idée de faire des études supérieures pour des raisons d'ordre familial. 〔pour des raisons de famille〕.
3. Les mass-médias sont des moyens de véhiculer les informations.
4. J'ai quelqu'un à voir à quatre heures.
5. ▷Vous avez quelque chose à déclarer?
   ▶Oui, un ordinateur et un appareil-photo.
   ▷Vous avez les factures?
6. ▷J'ai des courses à faire. Tu m'accompagnes?
   ▶Je suis désolé, je ne peux pas.
7. La meilleure façon de visiter Paris, c'est à pied.
8. Je n'aime pas sa façon de parler.
9. Il n'y a pas moyen d'éviter ce bouchon?
10. Les personnes âgées ont tendance à tenir aux vieilles coutumes.

III.

1. J'ai encore sommeil.
2. Je n'ai pas très faim, ce matin.

3. J'ai mal partout.

4. Tout le monde a le droit de faire grève.

5. Il a raison de parler comme ça.

6. Je dois faire un stage.

7. Faites attention en manipulant cette machine.

8. Je vais faire la vaisselle.

9. J'ai fait des progrès au tennis.

10. Ma femme fait mal la cuisine.

    = Ma femme est mauvaise cuisinière.

11. Faites la queue comme tout le monde!

12. Il a fait le discours d'ouverture.

13. J'ai fait le tour de l'étang à bicyclette.

14. Il fait signe à Sarah de baisser le son.

15. Regardez par ici, je vais faire [prendre] une photo.

(B.)

1. J'ai dormi huit heures la nuit dernière, pourtant j'ai encore sommeil.

2. Les élections présidentielles ont lieu tous les cinq ans.

3. Pour le ski, j'ai confiance en moi.

4. J'ai besoin d'une nouvelle robe du soir.

5. Tu as envie de faire pipi?

6. Ne fais pas semblant de dormir.

7. J'en ai marre d'écouter la même chanson.

8. Cet après-midi, j'ai un cours particulier à donner.

9. Je n'ai pas les moyens de partir en vacances.

10. Aujourd'hui, j'ai une faveur spéciale à vous demander.

    = Aujourd'hui, je voudrais instamment vous demander une faveur

11. Il a eu le culot de rester une semaine ici.

12. Elle ne rate pas une occasion de faire de la propagande religieuse.

13. En voyant un film français, j'ai goûté la sensation d'être à Paris.

14. D'un regard, je lui ai fait signe de quitter la pièce.

15. J'ai fait le tour des différents pays d'Europe en six mois.

16. Le dimanche, je fais en une seule fois les courses de toute la semaine.

17. Ses nouvelles affaires ont l'air de prospérer.

18. Les jeunes ont tendance à lire de moins en moins.

19. J'ai fait une amère expérience à la bourse.

20. J'ai déjà fait l'expérience de vivre en France.

   = J'ai déjà vécu en France.

21. N'allez pas si vite! Je n'ai pas le temps de voir.

22. J'ai honte de le dire, mais c'est la vérité.

23. Je fais l'appel. Je vais faire l'appel.

24. Je fais collection de timbres.

25. J'ai fait un rêve de mauvais augure, la nuit dernière.

26. Les voitures font la queue aux heures de pointe sur cette autoroute.

27. Beaucoup de gens ont recours à la religion pour trouver une solution à leur angoisse.

28. Fais attention à ne pas prendre froid.

   = Fais attention à ne pas attraper un rhume.

29. J'ai une communication à vous faire.

30. Alors, on va louer une voiture. On a bien fait d'apporter le permis international.

◉ 제 7 장 대명동사 ◉

① 대명동사의 꼴로만 사용되는 동사(극소수의 동사)

s'abstenir de *qch* 〔de + inf.〕 …을 〔…하는 것을〕 삼가다.

s'enfuir 도망가다, 도주하다.

s'évanouir 기절하다.

s'écrier 소리를 빽지르다.

② 대명동사 재귀적 용법

regarder *qn* → se regarder 자신의 모습을 보다.

tuer *qn* → se tuer 자살하다. (자동사의 용법도 있음)

laver 신체기관 de *qn* → se laver 신체기관 → 자신의 …을 씻다

acheter *qch* à *qn* → s'acheter *qch* 자기가 쓰려고 …을 사다.

prendre *qn* pour *qn* → se prendre pour *qn* 자신을 …라고 생각하다.

③ 대명동사의 자동사적 용법

lever *qn* → se lever 일어나다.

réveiller *qn* → se réveiller 깨어나다.

④ 대명동사의 상호적 용법: 주어가 복수일 경우

écrire à *qn* → s'écrire 서로 편지를 쓰다.

다른 용법과 애매함을 피하거나 상호성을 강조하기 위하여 réciproquement 같은 부사나 l'un (…) l'autre 같은 어귀를 첨가한다.

5 대명동사의 확장 구조

본동사에서 파생되면서 약간의 의미변화를 일으키기도 하고, 어떤 동사는 대명동사형
이 본동사보다 더 빈도 높게 사용되기도 한다.

경우에 따라서는 확장구조가 문장의 필수성분으로 요구되기도 하다.

1. se verbe + 전치사 + SN

· s'adresser à … 에게 말을 걸다; 문의하다.

· s'attendre à …을 예상하다.

· s'intéresser à *qn/qch* …에 관심을 갖다.

· s'entendre avec *qn* …와 잘 지내다, 사이가 좋다.

· s'approcher de …에 가까이 가다.

· ne (pas) pouvoir s'empêcher de + inf. …하지 않고는 못 견디다.

· se moquer de *qn/qch* 무시하다, 조롱하다

대명동사가 아닌 동사형으로는 문어에서 제한적으로 쓰일 뿐임.

· s'occuper de *qn/qch* …을 맡다, 관리하다.

· se passer de *qch* (de + inf.)…없이 (…하지 않고) 지내다.

· se tromper de + SN

Vous vous trompez de numéro.

전화 번호를 잘못 알고 계십니다.

= Vous avez fait un faux numéro.

번호를 잘 못 돌렸습니다.

· se tromper sur + SN

Je me trompe souvent sur les gens.

나는 사람을 보는 눈이 없다.

· se diriger vers + SN

Les deux hommes se dirigent vers les ascenceurs.

그 두 사람은 엘리베이트가 있는 쪽으로 간다.

· se battre pour *qch* [inf] …을 위하여 […하려고] 싸우다.

On va sans doute se battre pour la télécommande.

TV 리모콘 쟁탈전을 벌일 것 같은데.

Il se bat pour ses idées.

그는 자기 생각의 관철을 위해 싸운다.

Les gens se battent pour s'asseoir dans le train.

전동차에서 먼저 가서 자리에 앉으려 하고 있다.

2. se verbe + 양태, 상황, 장소보어

· se comporter + 양태보어 : 어떤 처신을 하다

A la maison, mon père se comporte toujours en maître.

아버지는 언제나 집에서 무게를 잡고 있다.

· se conduire + 양태보어 : 어떤 처신을 하다.

· se croire 〔prétendre〕 + 속사   자신이 …라고 믿다 〔우쭐대다〕.

· se montrer + 속사   자신이…하다고 보인다.

· se passer + 상황보어 : 어떤 일이 (…) 발생·진행되다.

Au début, ça s'est bien passé.

처음에는 잘 나갔다.

· se rendre + 장소의 표현

Rendez-vous immédiatement à l'embarquement.

즉시 탑승 게이트로 나오십시오.

Lundi matin, Monsieur Moreau se rend à son travail.

월요일 아침, 모로씨는 출근한다.

· se sentir + 양태보어 : 기분·컨디션 따위가 어떻게 느껴지다.

Je me sens en pleine forme.

아주 컨디션이 좋다.

▷Comment vous sentez-vous? 좀 어떠세요?

▶Je me sens mieux. 좀 나아요.

· se trouver + 장소보어; 양태보어 어떤 위치·처지에 있다.

Je me suis retrouvé tout seul.

또 혼자 있게 되었다.

Si tu te retrouves au chômage!

네가 다시 실업자 신세가 된다면!

· se mettre + 장소, 양태의 보어

　se mettre en colère 화를 내다.

　비교 : être en colère. 화가 나 있다.

　　　　mettre *qn* en colère　화를 나게 만들다.

　se mettre du côté de *qn* …의 편을 들다.

　se mettre près de la fenêtre 창가에 자리를 잡다.

　se mettre au travail 일을 시작하다.

· se mettre à + inf. …하기 시작하다.

연 습 문 제 A

■ 아래 우리말을 프랑스어로 표현해 보세요

1. 담배를 삼가시오.
   (abstenir/fumer)

2. 나는 뒷일을 생각하지 않고 집을 뛰쳐나왔다.
   (enfuir/chez moi/sans/réfléchir aux conséquences)

3. 축구부는 매일 방과 후에 연습을 한다.
   (équipe de foot/entraîner/après les cours)

4. 서두를 필요 없어요.
   (avoir besoin/presser)

5. (공부를 하다가 잘 안 될 때) 도저히 집중이 잘 안 되는데…
   (ne … pas/arriver/concentrer)

6. 일어날 시간이야.
   (heure/lever)

7. 어린아이들은 일찍 자고 일찍 일어나야 한다.
   (enfant/devoir/coucher/et/lever/tôt)

8. 밖에서 들어오면 가글하는 습관을 갖도록 해.
   (habitude/gargariser/quand/rentrer/extérieur)

9. 그 여자는 외출준비를 하려면 시간이 많이 걸린다.
   (être long/préparer/avant de sortir)

10. (일 따위를 중단하고 싶을 때) 오늘은 여기서 그만하기로 합시다.
   (arrêter/là/aujourd'hui)

11. 그녀는 자살했다.
   (suicider)

12. 그는 교통 사고로 죽었다.
   (tuer/accident de voiture)

13. 좀 조용히 해 주세요.
   (taire/un peu)

14. ▷제 아들이 다음 달 결혼합니다.
   (fils/marier)
   ▶축하합니다. Félicitations!

15. 우리들은 해변을 산책했다.
   (balader 〔promener〕)

16. 돈 문제로 서로 싸우는 것은 어리석은 짓이다.
   (stupide/disputer/pour une histoire d'argent)

17. 여기서는 모두가 서로 «tu » 로 이야기한다.
   (tout le monde/tutoyer)

18. 우리가 길에서 만나도 그는 인사도 안 한다.
   (même/si/nous/rencontrer/rue/ignorer)

19. 그들은 반 년 전부터 사귀고 있다.
   (fréquenter)

20. 수업 끝나고 현관에서 서로 기다리기로 할까?

   (on/attendre/l'entrée/cours)

21. 실험이 잘 진행되었다.

   (expérience/dérouler/bien)

22. 그들은 시골에서 자리를 잡을 것이다.

   (aller/installer/campagne)

23. 5시에 카페에서 보자.

   (on/retrouver/café)

24. 나는 여행사에 단체 관광 신청을 했다.

   (inscrire/voyage organisé/agence)

25. 아무 것도 아닌 일로 골치 썩이지 마라.

   (tracasser/petits riens)

26. 드디어 빠리(Paris)를 탈출할 수 있구나.

   (pouvoir/enfin/échapper/Paris)

27. 저 남자 조심하세요. 여자 사냥꾼이예요.

   (méfier/homme//dragueur)

28. 저에게 신경 쓰지 마세요.(남의 집에 찾아가서)

   (ne … pas/occuper)

29. 그 사람 이름이 기억이 나지 않는다.

   (ne … pas/souvenir)

30. (전화에서)

 ▷ 여보세요. 모로(Moreau)씨 집 맞죠?

 　(être/chez)

 ▶ 아닙니다. 전화번호 잘못 돌렸습니다.

 　(tromper/numéro)

31. 그는 담배 없이는 못 견딘다.

 　(pouvoir/passer/fumer)

32. 아침을 거르는 것은 건강에 좋지 않다.

 　(bon/santé/passer/petit déjeuner)

33. 흡연 습관은 쉽게 떨쳐 버릴 수가 없다.

 　(débarrasser/facilement/habitude/fumer)

34. 그는 일이 많다고 불평이다.

 　(plaindre/avoir beaucoup de travail)

35. 그는 선생님과 사이가 좋지 않다.

 　(entendre/bien/prof)

36. 너 얼굴이 창백하네. 괜찮아?

 　(être/tout/pâle // sentir/bien)

37. 햇볕이 있는 곳에 있어. 〔그늘에 있어.〕

 　(mettre/au soleil 〔à l'ombre〕)

38. 그는 신약 개발로 유명하게 되었다.

 　(rendre/célèbre/développer/nouveau/médicament)

39. 그는 여성들에게 정중한 태도를 보인다.

　　(montrer/courtois/femmes)

40. 유럽에 가 있을 때 그는 스페인에 두 번 갔었다.

　　(Lors d'un séjour/Europe/rendre/Espagne)

연 습 문 제 B

I. 아래 우리말을 프랑스어로 표현해 보세요.

1. 그들은 자유를 위하여 싸웠다.
   (se battre와 combattre를 사용하여)

2. 그는 또 실업자 신세가 되었다.
   (retrouver/au chômage)

3. 빨리 해요. 비행기를 타야 한다구요.
   (←서둘러요. 나는 타야 할 비행기가 있습니다)

4. 입 다물어. 너 때문에 내가 집중할 수 없잖아.
   (←너는 내가 집중하는 것을 방해한다)
   (taire//empêcher/concentrer)

5. 나는 어젯밤 늦게 잤다.
   (coucher/tard/hier soir)

6. 그는 자기 여동생 친구와 동침했다.
   (coucher/copine/soeur)

7. 오늘 아침 나는 늦게 11시에 일어났다.

8. 그들은 교회에서 결혼식을 올렸다.
   (marier/église)

9. 나는 그 여자와 마주치는 경우도 있지만 서로 이야기하는 경우는 거의 없다.
   (arriver/rencontrer/mais/ne…pas/pratiquement/parler)

10. 그 두 사람은 욕설을 서로 주고받았다.

   (s'injurier)

11. 그들은 서로가 서로를 믿었다.

   (faire/confiance)

12. 오늘 저녁 파업 문제를 논의하기 위해 우리는 카페에 모인다.

   (on/réunir/pour/discuter/grève)

13. 그 여자는 돈 많은 남자와 결혼해서 아주 유복하게 살고 있다.

   (marier/homme/riche/et/vivre/confortablement)

14. 드디어 개가 나한테 길이 들었다.

   (chien/habituer/enfin)

15. 나는 그의 이야기를 듣고 눈물이 나오지 않을 수가 없었다.

   (ne … pas/pouvoir/s'empêcher/pleurer/en/écouter/histoire)

16. 시험 따위 내가 알 게 뭐야. (← 나는 시험을 완전히 무시한다)

   (moquer/complètement/examen)

17. 네 여동생들 잘 봐

   (occuper/soeurs)

18. 저 기억하시겠습니까?

   (souvenir)

19. ▷아들 : 아뿔사, 예약 녹화하는 것 잊어버렸네.

   (oublier/programmer/magnéto)

   ▶아버지: 만화영화 한 번 안 보고 지나가면 안되니?

   (pouvoir/se passer/dessin animé/pour une fois)

20. 나는 군살 몇 킬로를 빼려고 운동을 하기로 했다.

(décider/exercice/pour/débarrasser/mes kilos en trop)

21. 버스정류장에서 모르는 사람이 나에게 다가와 자기 짐을 옮기는 데 도와달라고 했다.

(inconnu/approcher/arrêt/autobus/et/demander/aider/transporter/bagage)

22. 그렇게 일어났다 앉았다 그만 말고 가만히 좀 있어.

(arrêter/lever/et/asseoir/comme ça/et/tenir/tranquille)

23. 그는 친구들 영향으로 담배를 피기 시작했다.

(mettre/fumer/sous/influece/camarade)

24. (아들이 아버지에게 불평조로 하는 말)

아빠는 늘 그 애 편만 든단 말예요.

(Papa/tu/mettre/du côté de quelqu'un)

25. 대학에서 그녀는 프랑스 문학을 전공하였다.

(université/spécialiser/étude de la littérature française)

II. 아래 우리말을 l'un…l'autre형식의 프랑스어 구문으로 표현해 보세요

1. 끔찍한 사건들이 꼬리를 물고 잇달아 일어나고 있다.

(terrible/événement/succéder)

2. 그는 어려운 일을 불평 한번 없이 척척 잘 해낸다.

(acquitter/tâche/difficile/sans/se plaindre)

3. 이 지구에서는 고층 건물들이 속속 솟아올랐다.

(quartier/gratte-ciel/élever)

4. 뽈(Paul)과 마리(Marie)는 학교에서 서로 옆자리에 앉는다.

    (être/assis/à côté de/école)

5. 그 두 사람은 서로 기대고 벤치에 앉았다.

    (asseoir/tous les deux/banc)

6. 그 두 사람은 서로 맞지 않다.

    (ne … pas/être fait)

7. 그 여자와 나는 서로 완전히 남이다.

    (être étranger à/complètement)

(A.)

1. Abstenez-vous de fumer.

2. Je me suis enfui de chez moi sans réfléchir aux conséquences.

3. L'équipe de foot s'entraîne tous les jours après les cours.

4. Vous n'avez pas besoin de vous presser.

   = Rien ne presse.

5. Je n'arrive pas à me concentrer…

6. C'est l'heure de se lever.

7. Les enfants doivent se coucher tôt et se lever tôt.

8. Prends l'habitude de te gargariser quand tu rentres de l'extérieur.

9. Elle est longue à se préparer avant de sortir.

10. Arrêtons-nous là pour aujourd'hui.

11. Elle s'est suicidée.

12. Il s'est tué dans un accident de voiture.

13. Taisez-vous un peu!

14. ▷Mon fils se marie le mois prochain.

    ▶Félicitations!

15. On s'est baladés au bord de la mer.

    = Nous nous sommes baladés au bord de la mer.

16. C'est stupide de se disputer [se quereller] pour une histoire d'argent.

17. Tout le monde se tutoie ici.

18. Même si nous nous rencontrons dans la rue, il m'ignore.

19. Ils se fréquentent depuis six mois.

    = Ils sortent ensemble depuis six mois.

20. On s'attend dans l'entrée après le cours?

21. L'expérience s'est bien déroulée.

22. Ils vont s'installer à la campagne.

23. On se retrouve au café à cinq heures.

24. Je me suis inscrit(e) à un voyage dans une agence.

25. Ne te tracasse pas pour des petits riens.

26. Je peux enfin m'échapper de Paris.

27. Méfiez-vous de cet homme! C'est un dragueur!

28. Ne vous occupez pas de moi.

29. Je ne me souviens pas de son nom.

     = Son nom m'échappe.

30. ▷Allô! Je suis bien chez Monsieur Moreau?

     ▶Non, vous vous êtes trompé de numéro.

31. Il ne peut pas se passer de fumer.

32. Ce n'est pas bon pour la santé de se passer de petit déjeuner.

     = Ce n'est pas bon pour la santé de sauter le petit déjeuner.

33. On ne se débarrasse pas facilement de l'habitude de fumer.

34. Il se plaint d'avoir beaucoup de travail.

35. Il ne s'entend pas bien avec son prof.

36. Tu es tout pâle. Tu te sens bien?

37. Mets-toi au soleil. Mets-toi à l'ombre.

38. Il s'est rendu célèbre en développant un nouveau médicament.

39. Il se montre courtois avec les femmes.

40. Lors d'un séjour en Europe, il s'est rendu deux fois en Espagne.

(B.) I.

1. Ils se sont battus pour leur liberté.

   Ils ont combattu pour leur liberté.

2. Il s'est retrouvé au chômage.

3. Dépêchez-vous. J'ai un avion à prendre.

4. Tais-toi! Tu m'empêches de me concentrer!

5. Je me suis couché [couchée] tard hier soir.

6. Il a couché avec la copine de sa soeur.

7. Je me suis levé tard, à 11 h.

8. Ils se sont mariés à l'église.

9. Il m'arrive de la rencontrer, mais nous ne nous parlons pratiquement pas.

10. Ils se sont tous les deux injuriés.

     = Ils se sont mutuellement injuriés.

11. 그들이 두 사람일 경우 :

    Ils se font (réciproquement/mutuellement) confiance.

    그 들이 두 사람 이상인 경우 :

    Ils se font confiance entre eux.

12. Ce soir, on se réunit au café pour discuter de la grève.

13. Elle s'est mariée à un homme riche et vit très confortablement.

14. Le chien s'est enfin habitué à moi.

15. Je ne peux pas m'empêcher de pleurer en écoutant son histoire.

16. Je me moque complètement de l'examen.

>   fiche ⇒ 대중적 표현

>   fous ⇒ 대중적 표현

17. Occupe-toi de tes soeurs.

18. Vous vous souvenez de moi?

19. ▷아들 : Oh là là, j'ai oublié de programmer le magnéto.

>   ▶아버지 : Tu ne peux pas te passer de ton dessin animé pour une fois?

20. J'ai décidé de faire de l'exercice pour me débarrasser de mes kilos en trop.

21. Un inconnu s'est approché de moi à l'arrêt d'autobus et m'a demandé de l'aider à transporter ses bagages.

22. Arrête de te lever et de t'asseoir comme ça et tiens-toi tranquille.

23. Il s'est mis à fumer sous l'influence de ses camarades.

24. Papa, tu te mets toujours de son côté!

25. À l'université, elle s'est spécialisée dans l'étude de la littérature française.

II.

1. De terribles événements se succèdent les uns après les autres.

2. Il s'acquitte de tâches difficiles les unes après les autres sans jamais se plaindre.

3. Dans ce quartier, les gratte-ciel se sont élevés les uns après les autres.

4. Paul et Marie sont assis l'un à côté de l'autre à l'école.

5. Ils se sont assis tous les deux sur un bac, l'un contre l'autre.

6. Ils ne sont pas faits l'un pour l'autre.

7. Elle et moi, nous sommes complètement étrangers l'un à l'autre.

◉ 제 8 장 수동문 ◉

1 수동태

1. 수동변형 원칙

능동문에서의 직접목적보어와 주어는 수동문에서 각각 주어와 동작주 보어가 되고, 수동문의 동사는 〈être + 과거분사〉 형이 된다:

La Société Legrand construira bientôt un nouveau bâtiment.
르그랑사는 새 건물을 하나 곧 지을 것이다.

→ Un nouveau bâtiment sera bientôt construit par la Société Legrand.
   새 건물 하나가 곧 르그랑사에 의하여 지어질 것이다.

2. 동작주 보어

1) 수동문의 동작주 보어는 표시되지 않을 수 있다:

Un nouveau bâtiment sera bientôt construit.

2) 능동문의 주어가 대명사인 경우 수동문에서 동작주 보어로 나타날 수 있는 경우는 아주 특별한 경우에만 가능하다. 부정대명사 on이 주어인 능동문은 수동문의 동작주 보어로 나타날 수 없고, 이런 문장은 수동 변형이 불가능한 경우에 수동문의 역할을 하기도 한다.

3) 동작주 보어를 표시하는 전치사는 원칙적으로 par이나 몇몇의 경우 de 로 표시된다:

   (1) 감정을 나타내는 동사, aimer, détester, adorer, respecter, 등과 지적 행위를 나타내는 동사, connaître, ignorer 등과 함께:

   Cet homme est détesté de tout le monde.
    이 남자는 모든 사람들이 싫어한다.
   Ce phénomène est bien connu des météorologistes.
    이 현상은 기상학자들에게 잘 알려져 있다.

이들 동사에 대해서는 꼭 de만 써야 하는 것이 아니고 par를 써도 무방하다.

(2) 아래 두 유형의 동사들에 대해서는 de로 쓰는 것이 일반적이다:

① 물체의 상태에 대한 정보를 나타내는 동사 couvrir, entourer 등:

La plage est couverte d'algues.

사장이 해초로 덮혀 있다.

② 시간, 위치를 지정하는 동사 accompagner, précéder, suivre 등:

La fête sera suivie d'un goûter.

기념 행사가 끝나면 스낵이 나올 것이다.

3. 수동변형의 제약

1) 특별한 경우를 제외하고 직접목적보어만 수동 변형의 대상이 된다.

Le Président a répondu à *toutes les questions de Frédéric.*

회장은 프레데릭의 모든 질문에 답변을 했다.

이탤릭체로 된 부분은 간접목적보어이므로 위의 문장은 수동태 문장으로 쓸 수 없다.

※ 예외: désobéir, obéir, pardonner.

2) 직접목적보어의 형태를 갖추었다 할지라도 수동 변형이 불가한 경우 몇 가지 예:

(1) 동사의 통상적인 의미로는 수동 변형이 가능하나, 은유적 의미로 쓰여 불가능한 경우:

Cette affaire regarde Marie.

이 일은 마리와 관련이 있다.

(2) comporter, présenter, 등과 같이 주어의 상태를 표시하는 경우:

Ce chapitre comporte deux parties.

이 장은 두 부분으로 되어 있다.

(3) mesurer, coûter, 등과 함께 쓰여, 수량을 나타내는 보어인 경우:

Il mesure 1,75 mètre. 그는 키가 1미터 75이다.

4. 수동태의 시상

  1) 수동태 현재형의 문제점

    대부분의 동사에 있어서 동작주 보어의 유무에 따라 해석이 달라진다.

    (1) 동작주 보어가 없을 때는 행동이 완료된 상태를 가리킨다:

      Le pont est reconstruit. 다리가 다시 세워져 있다.

      "다시 세워진다"는 뜻이 아니다.

    (2) 동작주 보어가 있을 때는 능동문 현재형과 시상이 같다.

      Le pont est reconstruit par une société.

      다리가 한 회사에 의해 다시 세워지고 있다.

  2) 예외적인 경우

    상태를 나타내는 몇몇 동사 (attendre, habiter, aimer 등)들은 동작주가 없어도
    수동태 현재형은 행동의 완료가 아니고 현재 상황을 나타낸다:

      Le président est attendu.

      (사람들은) 회장이 오기를 기다리고 있는 중이다.

      Cette maison est habitée.

      이 집에는 사람이 거주하고 있다.

② 대명동사의 수동적 용법

  특별한 경우를 제외하고 대명동사는 주어가 사물일 경우에 한하여 아래의 용법으로
쓰일 수 있다. 그러나 수동태와는 달리 동작주 보어를 표시할 수 없다.

  1. 수동태와 동일한 뜻으로 쓰이는 경우:

    Ces fruits se vendent sur le marché.

      이 과일들은 시장이 나와 있다.

      = Ces fruits sont vendus sur le marché.

  2. 양태보어를 포함한 상황보어를 동반하여 사물의 성질을 나타낸다.

    Ce dentifrice se vend exclusivement en pharmacie.

      이 치약은 약국에서만 판다.

Le français se parle aussi en Suisse et en Belgique.

스위스와 벨기에에서도 프랑스어를 사용한다.

Cette chemise se lave à 60°, ne se repasse pas.

이 셔츠는 60도에서 세탁하고, 다림질을 하면 안 된다.

③ 준 수동문

1. 부정대명사 on

1) 대명동사의 수동적 용법으로 쓰인 많은 문장들을 on으로 시작하는 문장으로 써
도 의미상으로 변함이 없다:

Le français se parle aussi en Suisse et en Belgique.

= On parle le français aussi en Suisse et en Belgique.

2) 수여동사구문에서 행동을 주체를 표시하지 않고 수혜자만 부각시키려고 할 때
특히 많이 쓰인다.

On m'a dit que… 나는 …라는 이야기를 들었다.

On m'a donné un poste. 나는 일 자리를 얻었다.

On m'a posé une question. 나는 질문을 받았다.

2. se faire + inf.

Il s'est fait injurier par la foule.

그는 군중들로부터 욕설을 들었다.

▷Elle s'est fait larguer.

걔는 차였어.

▶La pauvre!

불쌍하게.

Je me suis fait faire une permanente. 나는 파마했다.

(→ 남의 손을 통해서)

자기가 직접 자기 머리에 파머한 경우는

Je me suis fait une permanente. 가 됨.

Je me suis fait voler ma carte de crédit.

= On m'a volé ma carte de crédit.

　나는 신용카드를 도둑맞았다.

3. se voir/s'entendre + inf.

　"…꼴을 당하다, …말을 듣다"는 것을 표현할 때 쓰인다.

Les journalistes se sont vu refuser l'accès de la salle de conférénce.

기자들은 회의장 진입을 거부당했다.

Paul s'est entendu dire des choses fort désagréables.

뽈은 아주 불쾌한 소리를 들었다.

I. 수동변형이 가능한 경우에, 아래 능동문을 수동문으로 바꾸시오. "준 수동태 구문"이 가능한 경우에는 이 표현으로 적어 보시오. 이탤릭체로 되어 있는 부분이 수동문의 주어가 되고, 괄호로 묶여진 부분은 나타나지 않도록 하시오.

1. (On) *vous* demande au téléphone.

2. (Je) *vous* demande de ne pas faire de bruit.

3. (Je) *vous* prie de ne pas fumer.

4. La police a interdit *aux journalistes* de prendre des photos.

5. (On) *m'*a cambriolé ma voiture.

6. (On) *m'*a volé tous mes papiers.

7. (On) aurait facilement pu éviter *la catastrophe.* (→조건법 참조)

8. J'ai demandé que le directeur *me* reçoive. (→접속법 참조)

9. Personne ne *m'*a prévenu.

10. Le Bayern de Munich a battu *Saint-Etienne.*

II. 가능한 경우에 아래 문장을 대명동사를 사용한 준 수동문으로 바꾸시오. 이탤릭체로 되어 있는 부분이 수동문의 주어가 되고, 괄호로 묶여진 부분은 나타나지 않도록 하시오.

예: On ouvre *la porte*. → La porte s'ouvre

---

1. On lit *ce roman* avec plaisir.
   이 소설을 읽으면 즐겁다.

2. On ne fait plus *le baise-main*.
   손에 입맞춤을 하는 행위는 이제는 안 한다.

3. On peut employer adverbialement *l'adjectif «bas»*.
   형용사 bas는 부사적으로 사용할 수 있다.

4. (Il faut) payer *les cigarettes* à la commande.
   담배 값은 선불입니다.

5. On peut mettre *cette chemise* sans cravate.
   이 셔츠는 넥타이 없이도 입을 수 있다.

6. On oublie toujours très vite *les mauvais moments*.
   괴로웠던 순간은 빨리 잊어버린다.

7. On oublie toujours très vite *les amis*.
   친구들을 빨리 잊어버린다.

8. On vend *les moules* au litre et non au kilo.
   홍합은 킬로가 아니고 리터로 판다.

9. On peut manger *ce plat* froid.
   이 음식은 차게 해서 먹을 수 있다.

10. (Il faut) toujours tenir *les enfants* par la main.
아동들은 언제나 손잡고 있어야 한다.

11. On pratique de plus en plus *le rugby* dans les écoles.
점점 학교에서 럭비를 하고 있다.

12. On comprend difficilement *les Canadiens*.
캐나다 사람들을 이해하기는 어렵다.

13. On pêche *les crevettes* au filet.
새우는 망으로 잡는다.

14. La belotte est un jeu de cartes *que* l'on joue à quatre.
블롯뜨는 네 명이서 하는 카드 게임이다.

15. On ne prépare pas *un voyage aux États-Unis* à la légère.
미국 여행 준비는 쉽게 할 수 있는 것이 아니다.

16. On ne doit pas mettre *les enfants de moins de 12 ans* sur le siège
avant.
12세 미만의 아동은 앞좌석에 앉혀서는 아니 된다.

17. On (est en train de) construire *de nouveaux quartiers*.
새로운 동네들이 건설되고 있다.

18. On achète *le fromage* à la crémerie.
치즈는 크레므리에서 구입한다.

19. On traite *cette maladie* à la cortisone.
이 질병은 코르티존 호르몬제로 치유한다.

20. On soigne *ces malades* à la cortisone.
이 환자들은 코르티존 호르몬제 치료를 받고 있다.

연 습 문 제 B

■ 아래 우리말을 프랑스어로 표현해 보세요

1. 모든 비행편이 결항이야.
   (← 모든 비행편이 취소되어 있다)
   (tous les vols/annuler)

2. 시험이 일주일 연기되었다.
   (examen/reporter/d'une semaine)

3. 나는 월급이 올랐다.
   (être augmenté)

4. 이 자리, 주인 있나요?
   (place/prendre)

5. 그는 주요 인물로 간주되고 있다.
   (considérer/quelqu'un/important)

6. (손님이 식당 주인에게 하는 말)
   반 시간 전에 주문했는데, 아직 주문이 안 나왔어요.
   (commander/et/ne… pas/ être servi)

7. 그는 살인 혐의로 취조를 받았다.
   (être inculpé/assassinat)

8. 그는 사장한테 잘 보이려고 애쓴다.
   (chercher/bien/voir/patron)

9. 나는 자동차에 치일 뻔했다.

   (faillir/renverser/voiture)

10. 나는 바깔로레아 프랑스어 과목에서 합격했어.

    (recevoir/au bac de français)

11. 그런 것은 남이 보는 데서 하면 안 돼.

    (faire/devant les gens)

12. 위원들은 모두 회의실에 집합하여 주십시오. (prier동사의 수동형을 사용)

    (tous les membres du comité/se rassembler/salle de conférence)

13. 작업 인부들은 먼지를 뒤집어 썼다.

    (ouvrier/être couvert/poussière)

14. 그 교수는 질문 공세를 받았다.

    (professeur/être bombardé/questions successives)

15. 그는 수술 받는 것이 무서웠다.

    (avoir peur/opérer)

16. 나는 집에 돌아오는 길에 비를 만났다.

    (être surpris/pluie/en rentrant chez moi)

17. 나는 발자국 소리에 잠이 깨었다.

    (être réveillé/bruit de pas)

18. 나는 아버지한테서 심한 꾸지람을 들었다.

    (engueler/sacrément/père)

19. 그 가게는 아침 10시에 연다.

     (magasin/ouvrir)

20. 남의 눈에 뜨이지 않게 어두워지고 나서 그는 집을 나왔다.

     (sortir/après la tombée de la nuit/afin de/remarquer)

21. ▷이것 먹는 거예요?

     (manger)

   ▶못 먹는 거요. 그건, 장식입니다.

     (seulement/décoration)

22. 나는 점쟁이 여자한테서 손금을 보았다.

     (lire/lignes de la main/voyante)

23. 병원에서 상처를 치료받았다.

     (soigner/blessure/hôpital)

24. 이 문은 자동으로 열리고 닫힌다.

     (porte/ouvrir/fermer/automatiquement)

25. 시험이 일주일 연기되었다.

     (examen/reporter/d'une semaine)

◆ 제 8 장 수동문 연습문제의 정답

(A.) I.

1. Vous êtes demandé(e) au téléphone.
2. 불가능;

    비인칭 형태로만 가능 : Il vous est demandé de ne pas faire de bruit.
3. Vous êtes prié(e) de ne pas fumer.
4. Les journalistes se sont vu interdire de prendre des photos par la police.
5. Ma voiture a été cambriolée.
6. Je me suis fait voler tous mes papiers.
7. La catastrophe aurait facilement pu être évitée.
8. J'ai demandé à être reçu(e) par le directeur.
9. Je n'ai été prévenu par personne.
10. Saint-Etienne s'est fait battre par le Bayern de Munich.

II.

1. Ce roman se lit avec plaisir.
2. Le baise-main ne se fait plus.
3. L'adjectif «bas» peut s'employer adverbialement.
4. Les cigarettes se paient à la commande.
5. Cette chemise peut se mettre sans cravate.
6. Les mauvais moments s'oublient toujours très vite.
7. 불가능.
8. Les moules se vendent au litre et non au kilo.
9. Ce plat se mange froid.
10. 불가능.
11. Le rugby se pratique de plus en plus dans les écoles.
12. 불가능.
13. Les crevettes se pêchent au filet.
14. La belotte est un jeu de cartes qui se joue à quatre.
15. Un voyage aux États-Unis ne se prépare pas à la légère.
16. 불가능.
17. De nouveaux quartiers se construisent.
18. Le fromage s'achète à la crémerie.

19. Cette maladie se traite à la cortisone.

20. 불가능.

B.

1. Tous les vols sont annulés!

2. L'examen est reporté d'une semaine.

3. J'ai été augmenté(e).

   = J'ai eu une augmentation.

4. Cette place est prise?

5. Il est considéré comme quelqu'un d'important.

6. J'ai commandé il y a une demi-heure et je ne suis pas encore servi〔servie〕.

7. Il a été inculpé d'assassinat.

8. Il cherche à se faire bien voir du patron.

9. J'ai failli me faire renverser par une voiture.

10. J'ai été reçu(e) au bac de français.

11. Ça ne se fait pas devant les gens!

12. Tous les membres du comité sont priés de se rassembler dans la salle de conférence.

13. Les ouvriers ont été couverts de poussière.

14. Le professeur a été bombardé de questions successives.

15. Il a eu peur de se faire opérer.

16. J'ai été surpris(e) par la pluie en rentrant chez moi.

17. J'ai été réveillée par un bruit de pas.

18. Je me suis fait sacrément engueuler par mon père.

19. Ce magasin s'ouvre à dix heures le matin.

20. Il est sorti après la tombée de la nuit afin de ne pas se faire remarquer.

21. ▷Ça se mange?

    ▶Ça ne se mange pas. C'est seulement une décoration.

22. Je me suis fait lire les lignes de la main par une voyante.

23. Je me suis fait soigner ma blessure à l'hôpital.

24. Cete porte s'ouvre et se ferme automatiquement.

25. L'examen est reporté d'une semaine.

◉ 제 9 장 비인칭 동사 ◉

1 비인칭 동사

1. 비인칭 구문

1) 일반 주어를 취할 수 있는 동사가 비인칭 주어 il를 취하여 만드는 구문

(1) arriver

Un autobus est arrivé.

Il est arrivé un autobus.

버스가 도착했다.

Il est arrivé des invités.

손님들이 도착했다.

Rem. 동사는 실제의 주어와 무관하게 비인칭 주어 il에 따름.

(2) manquer

Le courage manque à Paul.

뽈에게 용기가 결핍되어 있다. → 뽈은 용기가 없다.

Il lui manque du courage.

그(녀)는 용기가 없다.

2) 논리적 주어가 부정사 또는 절인 경우

(1) 부정사:

Il est inutile de lui dire.

그에게 이야기하는 것은 소용이 없다.

(2) 절:

Il me semble qu'on frappe à la porte.

누가 문을 두드리고 있는 것 같다.

2. 본질적 비인칭 동사

1) Il faut + inf. : … 하여야만 한다.

Il faut battre le fer pendant qu'il est chaud.

쇠는 뜨거운 동안에 때려야 한다

→ 기회를 놓쳐서는 안 된다.

Il ne faut pas courir deux lièvres à la fois.

한 번에 토끼 두 마리를 쫓아서는 안 된다.

Faut-il nous quitter sans espoir, sans espoir de retour?

다시 돌아온다는 희망 없이 우리는 이별해야만 하나?

2) Il s'agit de qch 〔de + inf〕 : …이 문제다.

　　Il s'agit dans ce livre des origines de la Révolution.

　　이 책의 요점은 프랑스 대혁명의 기원에 관한 것이다.

　　Quand il s'agit de se mettre à table, il est toujours le premier.

　　밥 먹는 일이라면, 그는 언제나 일등이다.

3) Il vaut mieux + inf.: …하는 것이 더 낫다.

　　Il vaut mieux reporter à la semaine prochaine.

　　다음 주로 연기하는 것이 더 좋겠어요.

　　Rem. valloir 의 경우는 비인칭주어 il을 취하지 않을 수도 있다:

　　Tant vaut amour comme argent dure.

　　돈 떨어지면 사랑도 끝장 (←사랑은 돈이 지속하는 것만큼의 가치를 가진다.)

2　시간·날씨의 표현

　1. 시간의 표현:

　　Il est une heure cinq.

　　　　une heure juste.

　　　　cinq heures et quart

　　　　deux heures moins le quart.

　　　　neuf heures et demie.

　　　　presque midi.

2. 날씨를 표현하는 비인칭 동사

Il pleut〔neige/gèle〕. 비가 온다〔눈이 온다. 얼음이 언다〕.

pleut des cordes   비가 억수같이 내린다.

comme vache qui pisse

Rem. geler동사는 인칭변화형으로 쓰일 수 있다.

Cette rivière gèle tous les hivers.

이 강은 매년 언다.

Passe-moi ma veste! Je gèle.

윗도리 이리 줘! 몸이 얼어붙는다.

3. faire

1) Il fait + 특정의 형용사

※특정의 형용사 : beau, bon, doux, chaud, frais, frisquet,

froid, sec, humide, très froid 등

2) Il fait + 부정관사 + (형용사) + 특정의 명사 + (형용사・수식어귀)

un froid glacial

un beau soleil

une chaleur

une chaleur torride

un soleil de plomb

un temps épouvantable

un temps couvert

un temps magnifique

un temps de chien

un temps de cochon

un vent du diable

un brouillard à couper au couteau

※특정의 명사 : temps, chaleur, humidité, froid, sécheresse, soleil, brouillard, vent 등

3) Il fait + 특정의 명사

Il fait jour〔nuit〕. 날이 밝아진다〔밤이 된다〕.

※특정의 명사: nuit, jour.

4) Il fait + 수형용사 + degrés

Aujourd'hui,

il fait │15 degrés   │, à Séoul.
        │5 degrés au-dessous de zéro│

오늘 서울 기온은│15도   │이다.
               │영하 5도│

5) Il fait │ + 부분관사 + 특정의 명사
   Il y a │

〈부분관사 + 특정의 명사〉의 예:

du vent, du brouillard, de la brume, du soleil

de la pluie, de l'orage, du givre, de la grêle,

〈부정관사 + 특정의 명사〉의 예:

une petite brise, une tempête de neige

des inondations, des éclairs

○ Il y a un typhon qui arrive.

태풍이 오고 있다.

Rem. 이런 동사들에도 시상, 시제, 양태를 나타내는 표현들과 함께 쓰일 수 있다.

Il a plu. 비가 왔다.

Il va pleuvoir aujourd'hui. 오늘은 비가 올 것이다.

Il risque de pleuvoir, aujourd'hui. 오늘은 비가 올 것 같다.

Il va y avoir de la pluie. 비가 올 것이다.

연 습 문 제

■ 아래 우리말을 프랑스어로 표현해 보세요

1. 창문 열어. 환기 좀 시켜야겠다.
   (ouvrir/fenêtre//falloir/aérer/un peu)

2. 지금은 성(城)의 흔적도 없다.
   (ne…plus rien/rester/château)

3. 위험한 짓은 안 하는 것이 낫다.
   (valoir/ne pas prendre de risques)

4. 질을 떨어뜨리느니 값을 올리는 편이 더 낫다.
   (valoir/augmenter/prix/baisser/qualité)

5. 오늘 기분 나쁜 일이 있었다.
   (arriver/chose/déplaisant)

6. 그에게 무슨 일이 생겼음에 틀림없다.
   (devoir/arriver/quelque chose)

7. 원칙적으로 나는 토요일에 일을 안 한다. 그러나, 이날 사무실에 가게 되는 수도 있다.
   (en principe/ne…pas travailler/mais/arriver/aller au bureau)

8. 이 일을 끝내려면 2시간이 필요할 터인데. 지금 5시인데 벌써 날이 어둡다.
   (falloir/achever/travail. sombre)

9. 내일은 날씨가 좋을까요?
   (Il/ faire / demain)

10. 이제 9월인데 밖에는 얼음이 얼고 있다.

    (Nous/ne ….que/en septembre/et/geler/dehors)

11. 날씨가 쌀쌀해질 것 같다.

    (aller/ faire / froid)

12. 이렇게 계속 가다가는 홍수가 나겠다.

    (Si ça continue / y avoir/ des inondations)

13. 장마가 끝났다.

    (saison/pluie/terminé)

14. 오늘은 비가 올 거야

    (aller /y avoir/ pluie).

15. 비가 그쳤다. 추워지기 시작한다.

    (cesser/pleuvoir. commencer/froid)

16. 오후가 되어 기온이 올라갔다.

    (température/augmenter/après-midi)

17. 5분 지나면 6시다.

18. 내 시계로는 5시 15분 전이다.

◆ 제 9 장 비인칭동사 연습문제 정답

1. Ouvre la fenêtre. Il faut aérer un peu.
2. Il ne reste plus rien du château.
3. Il vaut mieux ne pas prendre de risques.
4. Il vaut mieux augmenter le prix que (de) baisser la qualité.
5. Il m'est arrivé une chose déplaisante.
6. Il a dû lui arriver quelque chose.
7. En principe, je ne travaille pas le samedi, mais il m'arrive d'aller au bureau ce jour-là.
8. Il (me) faudra deux heures pour achever ce travail. Il est cinq heures, il fait déjà sombre.
9. Il fera beau, demain?
10. Nous ne sommes qu'en septembre et il gèle dehors.
11. Il va faire froid.
12. Si ça continue, il y aura des inondations.
13. La saison des pluies est terminée.
14. Il va y avoir de la pluie aujourd'hui.
15. Il a cessé de pleuvoir. Il commence à faire froid.
16. La température a augmenté dans l'après-midi.
17. Dans cinq minutes, il sera six heures.
18. A ma montre, il est cinq heures moins le quart.

제 2 부 · 대명사

◉ 제 1 장 중성대명사 ◉

1 Y

1. 장소를 표시하는 전치사 (à, dans, sur, sous, chez..) + 명사

   Vous allez à Paris? Oui, nous y allons.

                       Non, nous n'y allons pas

   Il est chez toi?   Oui, il y est.

2. 전치사 à + 명사

   Tu penses à tes devoirs? Oui, j'y pense.

   * à + 사람의 경우는 y를 사용하지 않는다.

       Tu penses à ton père?

       → Je pense à lui.

       Tu parles à ton père?

       → Je lui parle.

   동사에 따라 à + 강세형 인칭대명사, 또는 인칭대명사 간접목적보어 형을 쓴다.

2 En

1. de + 명사

   Tu reviens de Paris?   Oui, j'en reviens.

   Tu parles de ce vieux film? Oui, j'en parle.

2. 부정관사의 복수형 des + 명사

   Tu achètes des livres?   Oui, j'en achète.

3. 부분관사 (du, de la, de l') + 명사

   Tu achètes du lait?   Oui, j'en achète.

4. 부정관사 un, une (=1) + 명사

    Tu achètes un sac?   Oui, j'en achète un.

    Tu achètes une voiture?   Oui, j'en achète une.

5. 수사 + 명사

    Tu achètes trois CD?   Oui, j'en achète trois.

6. 수량부사 + 명사

    Tu achètes beaucoup de CD?   Oui, j'en achète beaucoup.

    ※ de + 사람의 경우는 de + 강세형 인칭대명사를 쓴다.

    Tu parles de ton amie?   Oui, je parle d'elle.

3   LE

1. « le », « l' »은 절, 또는 형용사를 대신한다.

    Elles sont fatiguées, je le sais. (le=elles sont fatiguées)

    Vous êtes allés en Grèce : Annette l'a dit. (l'=vous êtes allés en Grèce)

2. le는 faire 동사와 같이 쓰여, 앞에 나온 동사(와 그 동사의 보어)를 대신한다.

    Téléphoner au bureau? Je peux le faire à ta place.

    회사에 전화하는 일이라면, 내가 너 대신할 수 있어.

연 습 문 제 A

I. 다음 문장에서 중성대명사 y는 어떤 부분을 받고 있는지 생각해 보세요

1. ▷Ils jouent toujours aux cartes?
   ▶Non, ils n'y jouent plus.

2. ▷Est-ce que tu crois en Dieu?
   ▶Non, je n'y crois pas.

3. Passez chez moi, à 5 heures, j'y serai.

4. On lui a déconseillé de partir sur la côte d'Azur: il y fait trop chaud pour lui.

5. J'ai quitté cette société car on y est mal payé.

II. 여러분의 친구가 망설이고 있을 때 여러분들이 조언을 주거나, 안심을 시켜줄 필요가 있을 것입니다. 이런 류의 말을 예문과 같이 il faut와 중성대명사 y와 함께 괄호 속에 주어진 어귀를 사용하여 문장을 만들어 보세요

> 예문: ▷ J'ai du mal à me concentrer sur le livre de philosophie.
>   (faire attention)
>   →▶ Il faut y faire attention.

1. On m'attend au bureau du professeur. (aller)

2. J'ai des doutes sur ses explications. (croire)

3. Notre plan ne pourra pas réussir. (renoncer)

4. Je n'ai pas encore fait de projets de vacances. (penser)

5. Je suis inquète au sujet de mon avenir. (réfléchir)

6. On dit que les rues de cette ville sont dangereuses la nuit.
  (prendre garde)

7. Cette matière m'ennuie. C'est pour ça que mes notes sont mauvaises.
  (s'intéresser)

III. 다음 괄호 속의 어귀를 적절한 대명사로 바꿔서 문장을 다시 쓰시오.

1. Je ne suis pas encore allé (à Paris).

2. J'ai rencontré (Marie) (au supermarché).

3. Je suis (en France) depuis deux ans.

4. J'irai (au cinéma) demain.

5. Il a eu la gentillesse de me conduire (à la gare).

6. Conduisez-moi (à la gare).

7. Je ne m'attends pas (à la voir).

8. Je ne me souviens plus du tout (de ce film).

9. Nous avons beaucoup moins (de travail) que l'an dernier.

10. Êtes-vous bien conscient (de ce que vous faites)?

11. As-tu pensé (à acheter du pain)?

12. Peux-tu me prêter un peu (d'argent)?

13. Je n'ai plus (de cigarettes).

14. Il ne me reste qu'(une cigarette).

15. Je n'ai pas trouvé de meilleure (place).

연 습 문 제 B

■ 대명사를 어떻게 사용할 것인가 유의하면서 아래 우리말을 프랑스어로 표현해 보세요.

1. 그 곳은 멉니까? 걸어서 갈 수 있습니까?
   (on/pouvoir/aller/à pied)

2. ▷이어폰이 없습니다.
   (je/ne…pas/avoir/écouteurs)
   ▶곧, 갖다 드리겠습니다
   (apporter/tout de suite)

3. 그것이 꼭 알고 싶습니까?
   (tenir/absolument/savoir)

4. ▷중국 요리점을 찾고 있는데요.
   (chercher/restaurant/chinois)
   ▶이 근처에, 하나 있어요.
   (y avoir/près d'ici)

5. ▷내일까지 되겠어? Ce sera prêt demain?
   ▶약속할 수 없는데요.
   (Je/ne… pas/pouvoir/promettre).

6. 통학하는 데 1시간이 걸린다.
   (je/mettre/pour/aller/école/et/revenir)

7. ▷선생님, 의자가 없는데요…
   (monsieur/chaise)
   ▶옆 교실에 가서 하나 가져와요. (←이동동사구문 사용)
   (chercher/à côté)

8. 너, 그렇게 하면 나중에 후회할 거야. (← 만약 네가 그것을 하면)

    (si/faire ça/regretter/plus tard)

9. 이 다섯 개 중에서 한 개 골라.

    (choisir/un…sur 복수명사)

10. 더러운 셔츠 벗고 다른 샤츠 하나 입어.

    (enlever/chemise/sale/et/mettre/autre)

11. ▷그 생각 이제 그만 해.

      (ne… plus/penser)

    ▶나는 그 생각을 떨쳐 버릴 수가 없다.

      (ne/pouvoir/s'empêcher)

12. 쓸데없는 물건이 너무 많다. 치워버리자.

    (trop/chose/inutile/alors/se débarrasser)

13. 나는 건강이 허락하는 한 일할 생각입니다.

    (avoir l'intention/travailler/tant que/ma santé/permettre)

14. ▷숙제 다 했어요.

      (finir/devoir)

    ▶틀림없니? 숙제 메모 노트를 다시 잘 봐.

      (tu/sûr//relire/cahier de textes)

15. ▷그 여자, 자기가 35살이래.

      (←그녀는 자기가 35살이라고 말한다)

    ▶정말? 내가 보기로는 10살이 더 많은데.

      (A mon avis/elle/avoir)

16. 그녀는 냉장고로 달려가 케이크 한 조각을 꺼낸다.

    (courir/frigo/et/retirer/morceau de gâteau)

17. 주소가 바뀌었을 경우 꼭 통보해 주시기 바랍니다.

    (en cas de changement d'adresse/vouloir/signaler/sans faute)

18. 나는 옛날 차 팔고 새 차 한 대 샀어.

    (vendre/ancien/voiture/et/acheter/neuf)

19. ▷수학 점수가 20점 만점에 3점. 창피하다.

    3 sur 20 en math. C'est la honte!

  ▶부모님한테 이야기 할 거니?

    (aller/dire/parents)

20. ▷우유가 하나도 없어요.

    (ne…plus/y avoir/lait)

  ▶그 참, 이상하다. 어제 내가 3리터를 샀는데…

    (C'est quand même bizarre // acheter/hier)

◈ 제 1 장 중성대명사 연습문제 정답.

(A) I.

1. aux cartes 2. en Dieu 3. che moi 4. sur la côte d'Azur 5. (dans) cette société.

II.

1. Il faut y aller.
2. Il faut y croire.
3. Il faut y renoncer.
4. Il faut y penser.
5. Il faut y réfléchir.
6. Il faut y prendre garde.
7. Il faut s'y intéresser.

III.

1. Je n'y suis pas encore allé.
2. Je l'y ai rencontrée.
3. J'y suis depuis deux ans.
4. J'irai demain. (모음 충돌 이유로 이 경우 y를 쓰지 않음)
5. Il a eu la gentillesse de m'y conduire.
6. Conduisez-moi là-bas.
7. Je ne m'y attends pas.
8. Je ne m'en souviens plus du tout.
9. Nous en avons beaucoup moins que l'an dernier.
10. En êtes-vous bien conscient ?
11. Y as-tu pensé ?
12. Peux-tu m'en prêter un peu ?
13. Je n'en ai plus.
14. Il ne m'en reste qu'une.
15. Je n'en ai pas trouvé de meilleure.

B

1. C'est loin? On peut y aller à pied?

2. ▷Je n'ai pas d'écouteurs.

   ▶Je vous en apporte tout de suite, Monsieur.

3. Vous tenez absolument à le savoir?

4. ▷Je cherche un restaurant chinois.

   ▶Il y en a un près d'ici.

5. ▷Ce sera prêt demain?

   ▶Je ne peux pas vous le promettre.

      = Je ne peux pas vous le garantir.

6. Je mets une heure pour aller à l'école et en revenir.

7. ▷Monsieur, il n'y a plus de chaises…

   ▶Allez en chercher une à côté.

8. Si tu fais ça, tu le regretteras plus tard.

9. Choisis-en un sur les cinq.

10. Enlève ta chemise sale et mets-en une autre.

      = Change de chemise, celle-ci est sale.

11. ▷N'y pense plus!

    ▶Je ne peux pas m'en empêcher.

12. Nous avons trop de choses inutiles, alors débarrassons-nous-en.

13. J'ai l'intention de travailler tant que ma santé me le permettra.

14. ▷J'ai fini tous mes devoirs.

    ▶Tu en es sûr 〔sûre〕? Relis bien ton cahier de textes.

15. ▷Elle dit qu'elle a trente-cinq ans.

    ▶C'est vrai? A mon avis, elle en a dix de plus.

16. Elle court au frigo et en retire un morceau de gâteau.

17. En cas de changement d'adresse, veuillez nous le signaler sans faute.

18. J'ai vendu mon ancienne voiture et j'en ai acheté une neuve.

19. ▷3 sur 20 en math. C'est la honte!

    ▶Tu vas le dire à tes parents?

20. ▷Il n'y a plus de lait.

    ▶C'est quand même bizarre. J'en ai acheté trois litres, hier…

◉ 제 2 장 부정대명사 ◉

1 tout

1. 형용사적 용법

1) tout + 명사

Tout étudiant peut entrer gratuitement.

학생은 모두 다 공짜로 들어갈 수 있다.

2) tout + 한정사 + 단수 명사

toute la ville 도시 전체

toute la journée 하루 종일

3) tous (toutes) + 한정사 + 복수 명사

(1) 명사 수식:

모든 학생들이 자고 있다. ↔ 학생들이 모두 다 자고 있다.

Tous les étudiants dorment. ↔ Les étudiants dorment tous.

모든 잎들이 떨어졌다. ↔ 잎들이 모두 다 떨어졌다.

Toutes les feuilles sont tombées. Les feuilles sont toutes tombées.

(2) 대명사 수식:

그들은 모두 다 떠나가 버렸다.

Ils sont tous partis.

Rem. 명사의 경우처럼 "tous ils"와 같이 말하는 것은 불가능.

4) tous/toutes + les + 수

Le train part toutes les deux heures.

기차가 2시간마다 떠난다.

Il vient chez moi tous les trois mois.

그는 3개월마다 우리 집에 온다.

2. 대명사적 용법

   Tout 모든 것

   Tous 모든 사람 (여성형: toutes)

1) 주어로서:

   Tout est en ordre.

   모두 것이 제대로 되어 있다.

   Tous ont demandé de nous voir.

   (= Tout le monde a demandé de nous voir.)

   모두가 다 우리를 만나자고 했다.

   (만나자고 했다. ← 만나는 것을 요구했다.)

2) 목적보어로서:

   Tu n'as pas besoin de me le dire, je sais tout.

   그 말 할 필요 없다. 내가 다 알고 있다.

3) 문장에서의 위치

   (1) 복합과거 시제일 때: 과거분사 앞에

      Il a tout compris.   그는 모두 다 이해했다.

      Il n'a pas tout compris.   그가 모두 다 이해한 것은 아니다.

       cf. Il n'a rien compris.   그는 아무 것도 이해하지 못했다.

   (2) 부정사와 함께 : 부정사 앞에

      On ne peut pas tout savoir, n'est-ce pas?

      모든 것을 다 알 수 있는 것은 아니잖아요.

      Attendez, je vais tout vous expliquer.

      잠깐만요. 제가 다 설명을 드릴게요.

② rien, personne

1. 용법

Rien ne m'intéresse. 흥미 있는 것이 아무 것도 없다.

Personne ne me gêne. 아무도 나를 귀찮게 하지 않아요.

Je n'aime rien. 아무 것도 안 좋아해요.

Je n'aime personne. 아무도 안 좋아해요.

2. 문장에서의 위치

rien과 personne가 복합과거 시제일 때 부정사와 결합할 때는 rien은 tout와 같은 위치에 놓이고, personne는 일반 명사와 같은 위치에 놓인다:

Je n'ai rien acheté. 나는 아무 것도 안 샀어요.

Je n'ai vu personne. 나는 아무도 보지(만나지) 않았습니다.

Je ne veux rien faire. 나는 아무 것도 하기 싫다.

Je ne veux voir personne. 나는 아무도 만나기 싫다.

3. 형용사와의 결합

rien과 personne를 형용사로 수식할 때는 형용사 앞에 de가 붙는다.

Personne d'intéressant n'est venu.

홍미 있는 사람은 아무도 오지 않았다.

Je n'ai rien trouvé de plus beau.

더 새로운 것은 찾지 못했다.

이와 같이 "de + 형용사"형태로 수식을 받는 말에는 quelqu'un, quelque chose, quoi 등이 있다:

quelqu'un de grossier 매너가 더러운 어떤 사람

quelque chose de raffiné 세련된 어떤 것.

Quoi de neuf? Rien de particulier.

뭐, 새로운 것 있어요? 특별한 일 없어요.

③ quelque chose류의 표현들:

    n'importe qui 누구라도

    n'importe quoi 무엇이나

    n'importe comment 아무렇게나

    n'importe quand 어떤 때나

    n'importe où 어느 곳에서나

    quelque part 어떤 곳에

    ne … nulle part 어떠한 곳에서도 …하지 않는

연 습 문 제 A

I. 밑줄 부분을 tout, toutes, tous 중 골라 알맞은 말로 채워 넣어 보세요

1. Les candidats de droite ont _____ été élus.

2. Ah! J'ai _____ compris!

3. Elles ont _____ décidé de faire la grève.

4. Ses partisans sont loyaux. _____ ont l'air très loyaux!

5. Les secrétaires ont eu une augmentation. Elles ont _____ eu une bonne
   augmentation.

6. Pourquoi sont-ils _____ ici?

7. Les hommes politiques malhonnêtes? Ils ont _____ démissioné.

8. Est-ce que c'est _____ , Madame?

9. Avez-vous _____ mangé, Duroc?

10. Elles sont _____ ambitieuses.

II. 아래 우리말을 프랑스어로 표현해 보세요

1. 아무도 나를 욕하지 않는다. (insulter)

2. 나는 아무런 걱정이 없다 (inquiéter)

3. 나는 아무도 찾지 않습니다. (chercher)

4. 나는 아무 것도 원하지 않습니다. (désirer)

5. 나는 아무 것도 안 보이는데요. (voir)

6. 아무에게도 말하지 마라. (parler)

7. 나는 부족한 게 없다. (avoir besoin de)

8. 나는 데이트하는 사람이 없습니다. (sortir avec)

9. 나는 아무 것에도 흥미가 없습니다. (s'intéresser à)

10. 그는 어떤 사람과도 접촉하지 않았다. (contacter)

11. 그는 아무 말도 하지 않았다. (dire)

12. 나는 아무도 만나기 싫다. (vouloir/voir)

13. 나는 아무 것도 하기 싫다(vouloir/faire)

14. 나는 흥미있는 것이라고는 아무 것도 찾지 못했다.
    (trouver/intéressant)

15. 나는 그렇게 자상한 사람을 이제까지 본 적이 없다.
    (jamais/voir/si/charitable)

16. 내가 그녀에게 모든 것을 다 이야기한 것은 아니다.
    (ne … pas/raconter 〔dire〕)

17. 나는 모든 것 알고 싶다. (savoir)

18. 내가 다 알아서 할게. (s'occuper de)

19. 모두 다 끝냈니? (한국어에서 두 가지 뜻) (finir)

20. ▷얼마나 필요하세요? Vous en voulez combien?
    a. ▶전부 다요.
    b. ▶2개요.

연 습 문 제 B

■ 아래 우리말을 프랑스어로 표현해 보세요

1. ▷엄마, 나 넘어졌어.
   (Maman/tomber)
   ▶괜찮아. 자, 일어나.
   (relever)

2. 오늘 모든 대중교통수단이 파업이야.
   (transports en commun/grève)

3. 우리들은 모두 다, 차례를 기다리고 있다.
   (Nous/attendre/tour)

4. 그는 아무것도 모른다고 했다.
   (prétendre/ne…rien/savoir)

5. ▷아무도 성공하지 못했어.
   (ne… jamais / réussir)
   ▶그래. 한 번 해봐. Et alors! Essaye!

6. 뭐 잘 안 되는 일 있어?
   (← 무엇인가가 너를 골치 아프게 하니?) (tracasser)

7. 평소 때와 다른 것 뭐 드셨습니까?
   (← 상습적이 것이 아닌 어떤 것)
   (manger/inhabituel)

8. 그녀는 언제나 모든 것을 다 알고 싶어한다.

9. ▷난 지금 아파. 더 이상 아무 것도 못하겠는데.

   Je suis malade. Je n'en peux plus.

   ▶가서 잠 자. 내가 다 맡을게.

   (aller/coucher//occuper/tout)

10. 너 한테 아무 것도 약속할 수 없어.

    (pourvoir/ne … rien/promettre)

11. 우리 반에서는 아무도 그것에 반대하지 않았다.

    (classe/ne … personne/s'opposer)

12. 나 이외에는 아무도 모른다.

    (autre que/être au courant)

13. 그는 누구에게도 자기가 결혼했다는 것을 알리지 않았다.

    (ne … personne/informer/son mariage)

14. ▷TV가 더 이상 작동이 안돼.

    (télévision/marcher)

    ▶어떻게 좀 해 봐. (← 뭔가 해 봐) 경기가 10 분 있으면 시작한다구.

    (faire // match/commencer)

15. 아무 말 안 한다고 약속하는 거지?

    (promettre/ne … rien/dire)

16. ▷특별히 찾으시는 것 있으세요? (← 정확한 어떤 것 찾으세요?)

    (chercher/précis)

    a.▶좀 캐주얼한 것을 찾는데요. (sport)

    b.▶그냥 보고 있는데요.

17. 또 다른 것 없어요?

   (vous/avoir/ne … rien/autre)

18. 어디에선가 우리 서로 한 번 만난 적이 있지요?

   (se rencontrer/n'est-ce pas?)

19. 난 아무런 나쁜 짓 안 했어요.

   (ne … rien/faire/mal)

20. 전화 안 받아요(←아무도 대답을 하지 않습니다.)

   집에 아무도 없는가 봐요. (répondre)

21. 나 없을 때 별일 없었니?

   (il/se passer/ne…rien/spécial/pendant mon absence)

22. ▷혼자서 아파트 전체를 다 새로 도배했어? 대단한데!

   (seul/appartement/retapisser//Chapeau!)

   ▶시간이 좀 걸렸긴 해도…

   (prendre/temps)

23. 그와 나 사이에 서로 감출 게 하나도 없습니다.

   (←그와 나, 우리들은 서로 감출 게 하나도 없습니다)

   (ne … rien/cacher)

24. 그런 것은 어떤 사람도 다 알고 있다.

   (savoir/cela)

25. 아무거나 지껄이지 마라

   (raconter)

26. 나는 음식에 까다롭지 않아요. 아무거나 먹을 수 있어요.
   (difficile//pouvoir/manger)

27. 이 트럼프 패 중에서 아무거나 하나 뽑아 보시오.
   (tirer/carte/paquet)

28. 나는 닥치는 대로 일하는 것은 아니다.
   (ne … pas/travailler)

29. 우리 시대에는 세계 어디든지 갈 수 있다.
   (époque/aller/monde)

30. 언제라도 여기 와요.
   (passer/ici/quand)

(A) I.

1. tous 2. tout 3. toutes 4. Tous 5. toutes 6. tous 7. tous 8. tout 9. tout 10. toutes

II.

1. Personne ne m'insulte.
2. Rien ne m'inquète.
3. Je ne cherche personne.
4. Je ne désire rien.
5. Je ne vois rien.
6. Ne parle à personne.
7. Je n'ai besoin de rien.
8. Je ne sors avec personne.
9. Je ne m'intéresse à rien.
10 Il n'a contacté personne.
11. Il n'a rien dit.
12. Je ne veux voir personne.
13. Je ne veux rien faire.
14. Je n'ai rien trouvé d'intéressant.
15. Je n'ai jamais vu personne de si charitable!
16. Je ne lui ai pas tout raconté.

   Je ne lui ai pas tout dit.
17. Je veux tout savoir.
18. Je m'occupe de tout.
19. Vous avez tout fini?

   Vous avez, tous, fini?
20. ▷Vous en voulez combien?

   a.▶Je les prends tous.

   b.▶J'en prends deux.

(B.)

1. ▷Maman, je suis tombé!

   ▶Ce n'est rien! Allez, relève-toi.

2. Aujourd'hui, tous les transports en commun sont en grève.

3. Nous attendons tous notre tour.

4. Il a prétendu ne rien savoir.

5. ▷Personne n'a jamais réussi.

   ▶Et alors! Essaye!

6. Quelque chose te tracasse?

7. Avez-vous mangé quelque chose d'inhabituel?

8. Elle veut toujours tout savoir.

9. ▷Je suis malade. Je n'en peux plus.

   ▶Va te coucher! Je m'occupe de tout.

10. Je ne peux rien te promettre.

11. Dans notre classe, personne ne s'y est opposé.

12. Personne d'autre que moi n'est au courant.

13. Il n'a informé personne de son mariage.

   = Il n'a fait savoir à personne qu'il s'était marié.

14. ▷La télévision ne marche plus!

   ▶Fais quelque chose! Le match commence dans dix minutes.

15. Tu me promets de ne rien dire?

16. ▷Vous cherchez quelque chose de précis?

   a. ▶Je cherche quelque chose de sport.

   b. ▶Je regarde seulement. 또는 Merci, je regarde.

17. Vous n'avez rien d'autre?

18. Nous nous sommes déjà rencontrés quelque part, n'est-ce pas?

19. Je n'ai rien fait de mal, moi!

20. Personne ne répond : peut-être qu'il n'y a personne chez eux.

21. Il ne s'est rien passé de spécial pendant mon absence?

22. ▷Tu as retapissé tout l'appartement tout seul? Chapeau!

   ▶Ça m'a pris du temps…

23. Lui et moi, nous n'avons rien à nous cacher.

24. N'importe qui sait cela.

25. Ne raconte pas n'importe quoi.

26. Je ne suis pas difficile [sur la nourriture] et je peux manger n'importe quoi.

27. Tirez une carte de ce paquet, n'importe laquelle.

28. Je ne travaille pas n'importe comment.

29. À notre époque on peut aller n'importe où dans le monde.

30. Passe ici n'importe quand.

● 제 3 장 지시대명사와 강조구문 ●

① Ça

1. 특정의 물건을 지시할 때 사용하는 ça는 문장, 문장의 성분을 받을 수 있다. 보다 정중한 어법에서는 ça대신 cela를 쓴다.

> Oui, je sais lire. Ça t'étonne?
> 그래, 글 읽을 줄 안다. 놀랍니?
> Sors un peu, ça te changera.
> 잠시 밖에 나가봐. 그러면 기분 전환이 될 거야.

> Elle fait des livres pour enfants. Je trouve ça très bien.
> 그녀는 아동용 책을 만들고 있는데, 참 잘하는 일이야.
> Nous voulons être heureux et il faut être deux pour ça.
> 우리는 행복해지고 싶다, 그러기 위해서는 2명이 되어야 한다.

2. 기간의 표현.

> Ça fait déjà dix ans que mon père est mort.
> 아버지가 돌아가신 지 벌써 10년이 된다.

② Celui

ça (cela)나, c'est의 ce는 사물(또는 사람)을 가리킬 때 사용하는 대명사로서, 성, 수 변화가 없다. 반면에, 지시대명사 celui는 지시하는 명사의 성·수에 따라 변하며 제한 어구와 함께 사용한다:

1. 화자와 사물과거의 원근감을 가리키는-ci, -là 형태로 결합:

> Je vais choisir ces chaussures-ci, ou celles-là, ou encore celles-là?…
> 이 신발로 할까, 아니면, 저것, 아니면, 저쪽 것?

2. 전치사 de로 시작하는 한정구와 함께:

   ▷Tu veux écouter ce CD?

     너, 이 CD 듣고 싶니?

   ▶Moi, je préfère celui de Brassens.

     나는, 브라쌍스 것이 더 좋은데.

3. 관계대명사와 함께 :

   Comme journal, je préfère celui qui sort le matin.

   신문으로는, 나는 아침에 나오는 것을 더 선호한다.

3 문장 성분의 분리에 의한 강조의 표현

  문장의 성분을 문장 제일 앞 또는 문장 제일 끝에 놓고 본문에서는 인칭대명사 또는 지시대명사를 대리시켜 문장의 성분을 강조할 수 있다.

     J'ai déjà vu ce fim. → Ce film, je l'ai déjà vu.

              Je l'ai déjà vu, ce film.

     Je vais à Paris demain. →À Paris, j'y vais demain.

              J'y vais demain, à Paris.

     Ce film est excellent. → Ce film, il est excellent.

              Il est excellent, ce film.

     Je n'en sais rien. → Moi, je n'en sais rien.

              Je n'en sais rien, moi.

     Je le connais bien. → Lui, je le connais bien.

              Je le connais bien, lui.

4 C'est … qui (que) 형식

문장에서 특정의 성분을 분리하여 〔c'est + 분리된 성분 + que + 나머지 문장성분〕 형태로 만들어 분리된 성분을 강조하는 표현을 만들 수 있다. 여기서 특기할 사항은 :

1. 분리된 문장 성분이 주어인 경우 que는 qui가 된다. 다른 모든 경우는 que가 된다.

C'est cela qui m'inquiète le plus.

C'est sa façon de parler que je n'aime pas.

C'est en Autriche que nous sommes allés faire du ski.

2. 분리된 문장성분이 대명사인 경우는 강세형으로 바뀐다.

C'est lui qui me l'a raconté.

C'est lui que nous attendons.

3. 분리된 문장 성분이 복수명사나 대명사일 경우, c'est 대신에 ce sont을 쓰는 것을 원칙으로 삼았으나, 현대에서는 c'est를 그대로 써도 공식적으로 허용됨.

Ce sont 〔C'est〕 les films policiers que je préfère.

Ce sont 〔C'est〕 eux qui en souffrent le plus.

4. 아래의 문장 성분은, c'est … que 형식으로 쓸 수 없다:

1) 양태 부사 :

certainement, certes, vraiment, effectivement….

2) 방법, 방식을 나타내는 부사 :

bien, mal, correctement, avec soin …

3) 정도를 나타내는 부사:

assez, beaucoup, davantage …

4) 형용사로 된 속사 :

× C'est malheureux que je suis.

연 습 문 제 A

I. 문장 앞에 테마를 두고 이것을 ça, c'est 로서 앞선 단어나 내용을 받는 형태의 문장으로 써 보세요

> 예: L'État, c'est moi. 짐이 바로 국가니라.
> Le temps, c'est de l'argent. 시간이 돈이다.

1. 문제는 양이 아니고 질이다.
   (problème/quantité/qualité)

2. 그녀의 꿈은 배우가 되는 것이다.
   (rêve/devenir/actrice)

3. 감기가 들었을 때 제일 중요한 것은 쉬는 것이다.
   (le plus important/être grippé/se reposer)

4. 그만 해. 내가 일단 안 된다고 하면 안 되는 거야.
   (← 내가 일단 no라고 말했으면, 그건 no야)
   (suffire // quand dire/non)

5. 그래, 그놈들 따귀 때리는 것은 좋은 일이고 아몬드를 먹는 것은 나쁘단 말이야?
   (alors/donner des baffes/bien/mais/manger des amandes/mal)

6. 그도 역시 참가한다면 문제가 달라지는데.
   (si/participer/aussi/changer/question)

7. 안경을 끼지 않아도 특별히 곤란한 점이 없습니다.
   (même si/ne…pas/mettre/lunettes/gêner/particulièrement)

II. 지시대명사를 이용하여 아래 우리말을 프랑스어로 표현해 보세요

  1. 이 넥타이로 하시겠습니까? 아니면 저것으로?

     (aller/choisir/cravate)

  2. 매상고가 지난해보다 못하다.

     (chiffre d'affaires/être inférieur/l'an dernier)

  3. 이 우산 색은 내 것과 약간 다르다.

     (couleur/parapluie/différer/légèrement)

  4. 이 우산은 내 것과 많이 비슷하긴 해도 그건 내 것이 아닙니다.

     (parapluie/ressembler/beaucoup/mais)

  5. 불행히도 내 카메라를 가지고 오는 것을 잊어 먹어서 미셸(Michel)의 것을 빌렸는
     데, 그게 작동되지 않았어.

     (malheureusement/oublier/apporter/appareil photo/emprunter/marcher)

III. 문장의 주어 또는 직접목적보어를 주어 앞에 두고, 인칭대명사로 다시 받거나 인칭대명
   사로 먼저 시작한 다음, 직접목적어를 나중에 둘 수 있다. 예를 참조하여 화살표 표시에
   따라 문장을 바꿔 쓰시오

예: Je connais Obélix (←) : Obélix, je le connais.

Je connais Obélix (→) : Je le connais, Obélix.

---

1. Ces gens-là (←) ne pensent qu'à jouer.

2. Ce type (→) m'agace.

3. Ta voiture (→) fait un drôle de bruit.

4. Les Romains (→) sont fous!

5. C'(←)est déjà mieux.

6. Je ne regarde la télévision (←) que le dimanche.

7. Je ne le (←) connais pas.

8. Il ne faut pas laver la voiture (→) avec de l'Ajax!

9. J'ai déjà vu cette fille-là (←) quelque part.

10. Je n'ai toujours pas retrouvé mes clés (←).

IV. 가능한 경우에 한하여 다음 이탤릭체로 된 문장 성분을 강조하는 구문으로 바꿔 쓰시오
불가능인 경우에는 불가능이라고 쓰시오

1. J'ai fait sa connaissance à *Paris.*

2. *Je* viendrai te chercher.

3. Je préfère *les voitures de sport.*

4. *La boité de vitesse* a lâché.

5. Il viendra *certainement.*

6. *Elles* ont commencé à critiquer.

7. Je ne comprends pas *ça*

8. *Tu* me l'as dit.

9. *Nous* en avons profité le plus.

10. Je *vous* ai posé la question.

11. *Vous* vous êtes trompé.

12. Il a été assassiné *dans son appartement.*

13. Tu es *méchant!*

14. Je me suis coupé *en épluchant les pommes de terre.*

15. Il *m'*en a parlé.

16. *Vous* me l'avez proposé.

17. Il est *peut-être* malade.

18. Il lave sa voiture *trois fois par semaine.*

19. *Sa coiffure* ne me plaît pas.

20. *Je* m'en suis rendu compte.

21. *Ils* sont arrivés les premiers.

22. Je *te* le demande.

23. Je m'*en* souviens le mieux.

24. J'*y* pense.

25 Ils se sont mariés *en 1962.*

연 습 문 제 B

I. 아래 우리말은 연습 문제 A의 IV에 있는 프랑스어의 강조 표현을 우리말 식으로 한 번 써 본 것이다. 이 말들을 프랑스어 식의 강조 표현으로 할 수 있는지 확인해 보세요 (결번은 강조 표현이 불가능한 것임)

1. 빠리에서 나는 그를 알게 된 것일세.

2. 내가 널 데리러 올 거야.

3. 스포츠카가 나는 더 좋아.

4. 기아가 나갔던 거야.

6. 바로 그 여자들이 비난의 화살을 뽑았던 거야.

7. 바로 그것이 이해가 안 되는 대목이야.

8. 바로 네가 나한테 그 말했잖아.

9. 우리가 그것으로 제일 많은 득을 본 셈일세.
   (=그걸 제일 많이 사용했던 것은 우리야.)

10. (바로) 당신한테 내가 물어 본 거요.

11. 당신이 잘못 생각한 거요.

12 바로 자기 방에서 그는 암살되었던 거야.

14. 손을 빈 것은 감자 껍질 벗기다가 그랬어.

15. 나보고 그 사람이 그 말 한 거야.

16. 당신이 나한테 그렇게 제의했잖아요.

18. 일주일에 세 번을 그는 세차한다.

19. 그 사람 헤어스타일이 내 마음에 안 드는 부분이야.

20. 바로 내가 그것을 알아차린 거지요.

21. 그들이 제일 먼저 왔어요.

22. 너한테 그것을 요구하는 거야.

23. 그것이 내가 제일 잘 기억하고 있는 것이다.

24. 바로 그것을 내가 생각하고 있다.

25. 1962년도에 그들이 결혼했던 거야.

II. c'est …que/qui 형식을 사용하지 않고, 다음 우리말에서 줄친 부분에 해당하는 테미를 문장 제일 앞에 놓은 프랑스어로 표현해 보세요

1. 프랑스에 나는 다음 주에 간다.

2. 이 테이블, 벼룩 시장에서 샀어.
   (table/acheter/marché aux puces)

3. 이 책, 나는 무척 아끼고 있다.
   (livre/beaucoup/tenir)

4. <u>연극 말이요,</u> 그 사람 5년째 하고 있어.
   (théâtre/faire/depuis cinq ans)

5. <u>매일,</u> 나는 아침 6시에 일어난다.
   (tous les jours/se lever)

6. <u>이 날은,</u> 내가 절대로 잊지 않을 거야.
   (journée/ne…jamais/oublier)

7. <u>아이디어야,</u> 그 사람 참 많지요.
   (idées/avoir/beaucoup)

8. <u>일주일에 2번,</u> 나는 영화관에 간다.

9. <u>빠리(Paris)에,</u> 나는 5년을 살았다.

10. <u>그것 말이요,</u> 오래 전부터 알고 있죠.
   (ça/il y a longtemps/savoir)

III. 아래 우리말 중에서 강조되는 부분을 잘 파악하여 프랑스어로 표현해 보세요

1. 언제나 늘 내가, 왜 야단을 맞는 거야?
   (pourquoi/toujours/se faire gronder)

2. 이 우산, 당신이 놓고 가지 않으셨어요?
   (parapluie/laisser)

3. (꽃병vase이 깨져 있는 것을 보고 있는 선생님에게 한 학생이 하는 말)
   선생님, 제가 깼어요.
   (monsieur/casser)

4. 시작은 네가 하고, 그 뒤는 내가 하기로 하자.
   (aller/commencer/et/aller/continuer)

5. 모두 그 사람들이 기획했다구요.
   (organiser/tout)

◆ 제 3 장 지시대명사와 강조구문 연습문제 정답

(A) I.

1. Le problème, ce n'est pas la quantité, c'est la qualité.

2. Son rêve, c'est de devenir actrice.

3. Le plus important, quand on est grippé, c'est de se reposer.

4. Ça suffit! Quand j'ai dit non, c'est non.

5. Alors, leur donner des baffes, c'est bien, mais, manger des amandes, c'est mal?

6. S'il participe aussi, ça change la question.

7. Même si je ne mets pas de lunettes, ça ne me gêne pas particulièrement.

II.

1. Vous allez choisir cette cravate-ci ou celle-là?

2. Le chiffre d'affaires est inférieur à celui de l'an dernier.

3. La couleur de ce parapluie diffère légèrement de celle du mien.

   = Ce parapluie a une couleur légèrement différente du mien.

4. Ce parapluie ressemble beaucoup au mien, mais ce n'est pas celui-là.

5. Malheueusement, j'ai oublié d'apporter mon appareil photo; j'ai emprunté celui de Michel, mais il n'a pas marché.

III.

(1) Ces gens-là, ils ne pensent qu'à jouer.

(2) Il m'agace, ce type.

(3) Elle fait un drôle de bruit, ta voiture.

(4) Ils sont fous, les Romains.

(5) Ça, c'est déjà mieux.

(6) La télévision, je ne la regarde que le dimanche.

(7) Lui, je ne le connais pas.

(8) Il ne faut pas la laver avec de l'Ajax, la voiture!

(9) Cette fille-là, je l'ai déjà vue quelque part.

(10) Mes clés, je ne les ai toujours pas retrouvées.

IV.

1. C'est à Paris que j'ai fait sa connaissance.

2. C'est moi qui viendrai te chercher.

3. Ce sont les voitures de sport que je préfère.

    Ce sont 대신에 C'est도 허용됨

4. C'est la boité de vitesse qui a lâché.

5. 불가능.

6. Ce sont elles qui ont commencé à critiquer.

    Ce sont 대신에 C'est도 허용됨.

7. C'est ça que je ne comprends pas.

8. C'est toi qui me l'as dit.

9. C'est nous qui en avons profité le plus.

10. C'est à vous que j'ai posé la question.

11. C'est vous qui vous êtes trompé.

12. C'est dans son appartement qu'il a été assassiné.

13. 불가능.

14. C'est en épluchant les pommes de terre que je me suis coupé.

15. C'est à moi qu'il en a parlé.

16. C'est vous qui me l'avez proposé.

17. 불가능

18. C'est trois fois par semaine qu'il lave sa voiture.

19. C'est sa coiffure qui ne me plaît pas.

20. C'est moi qui m'en suis rendu compte.

21. Ce sont eux qui sont arrivés les premiers.

    Ce sont 대신에 C'est도 허용됨.

22. C'est à toi que je le demande.

23. C'est de cela que je me souviens le mieux.

24. C'est à cela que je pense.

25. C'est en 1962 qu'ils se sont mariés.

(B.) I. 연습문제 A의 IV 참조

II.

1. En France, j'y vais la semaine prochaine.

2. Cette table, je l'ai achetée au marché aux puces.

3. [À] ce livre, j'y tiens beaucoup.

4. Du théâtre, il en fait depuis cinq ans.

5. Tous les jours, je me lève à six heures.

6. Cette journée, je ne l'oublierai jamais.

7. Des idées, il en a beaucoup.

8. Deux fois par semaine, je vais au cinéma.

9. À Paris, j'y ai habité cinq ans.

10. Ça, il y a longtemps que je le sais.

III.

1. Pourquoi c'est toujours moi qui me fais gronder?

2. C'est vous qui avez laissé ce parapluie?

3. Monsieur, c'est moi qui l'ai cassé.

4. C'est toi qui vas commencer et c'est moi qui vais continuer.

5. Ce sont eux 〔c'est eux〕 qui ont tout organisé.

◉ 제 4 장 의문사 ◉

1 "누가(무엇이) ～?" "누구를(무엇을) ～?"이라고 묻는 대명사:

1. "누가 ～?"   qui…? 또는 qui est-ce qui…?

      Qui veut venir avec moi?

      누가 나와 같이 갈래?

2. "무엇이 ～?" Qu'est-ce qui…?

      Qu'est-ce qui va se passer?

      무슨 일이 일어날까?

3. "누구를～?" Qui est-ce que…? 또는 qui… (+도치)?

      Qui est-ce que vous cherchez?

      Qui cherchez-vous?

      누구를 찾으세요?

4. "무엇을 ～?" Qu'est-ce que …? 또는 que… (+도치)?

      Qu'est-ce que vous cherchez?

      Que cherchez-vous? 무엇을 찾으세요?

5. 누구, 무엇이 속사를 가리킬 때는 각각 qui, que로 나타난다.

      Qui est-ce?

      그 사람은 누구입니까?

      Qu'est-ce que c'est?

      그 것은 무엇입니까?

   구어에서는 종종 Qu'est-ce que c'est que ça라고도 말함.

   구어에서는 직접 목적어 qui 는 그대로 문장 끝에 나타날 수 있다. 그러나, 주어
   와 동사를 도치하지 않고, 문장 끝에서 "무엇을 ～?" 이라고 물을 때 que가 아니
   고 quoi 형이 된다.

      Tu aimes qui?

      넌 누구를 사랑하니?

      Tu cherches quoi?

      뭐 찾아?

② <전치사 + 명사> 꼴로 된 문장성분의 물음은, 사람일 경우는, <전치사 + qui>로 사물일 경우는 <전치사 + quoi> 가 함께 문장 맨 앞으로 이동한다.

A qui est-ce qu'il parle? 또는 A qui parle-t-il?
그는 누구에게 이야기합니까?

De quoi est-ce qu'il parle? 또는 De quoi parle-t-il?
그는 무엇에 관하여 이야기합니까?

'무엇'에 형용사가 붙는 물음에는 de + 형용사 형태를 취한다:
Qu'est-ce qu'il y a de bon?
좋은 것 어떤 것 있어요?

③ X = ? 에 대한 프랑스어 표현은 각별한 주의를 요한다.

1. X의 정의, 정체를 물을 때:
Qu'est-ce que (c'est-que) X?
Qu'est-ce que l'internet?
인터넷이란 무엇인가?

2. X에 대한 보다 정확한 정보에 대한 물음:
Quel est X?
여기서 quel은 X에 성·수 일치시키며 X가 복수일 때는 est는 sont이 된다.
Quel est votre nom?
이름이 뭐요?
Quels sont vos plats préférés?
당신이 좋아하는 음식은 무엇입니까?

우리말에서 "…은 누구입니까?, 무엇입니까?, 어디입니까?, 몇 번입니까?" 등등, 여러 종류의 물음이 이 형식으로 표현된다.

4 "어떤(무슨)~?"라고 물을 때, 의문형용사 quel(s), quelle(s)을 사용한다.

1. Quelle heure est-il?

   몇시입니까?

   Quel avion prenez-vous?

   어느 비행기 탑니까?

   Pour quelle raison est-ce qu'il va partir?

   무슨 이유 때문에 그는 떠나려 합니까?

2. 이미 한정된 사람 또는 물건 중에서 '누구, 어느 것'을 물을 때는

   정관사와 quel(s), quelles(s)를 결합시킨 lequel, laquelle, lesquels, lesquelles을 사용한다.

   Lequel de ces trois livres chosissez-vous?

   이 세 책 중에서 어느 것을 택하겠습니까?

   Voilà deux roses. Laquelle préférez-vous?

   여기 장미가 두 송이 있습니다. 어느 것이 더 좋습니까?

5 의문부사

quand "언제", où "어디서", comment "어떻게", pourquoi "왜", combien "얼마나". d'où "어디에서(로부터)", depuis quand "언제부터"처럼 전치사와 결합이 가능한 경우도 있다.

6 독립의문문과 간접의문문

1. Que faire? "어떻게 할까?" Où aller "어디로 가지"처럼, <의문사 + 부정사만>으로 의문문을 만들 수 있다.

2. 몇몇 동사(dire "말해주다", savoir "알다", demander "묻다", se demander "자문하다", indiquer "가리키다", deviner "짐작하다" 등에)의 종속절, 목적으로서 의문

사가 포함된 의문문이 올 경우:

1) pourquoi…? où…등의 의문부사가 사용되고 있을 때에는 <être + 명사 주어> 등, 몇몇 특수 형태를 제외하면 <의문부사+주어+동사…>의 순이 된다.

    Je me demande où il est.

    그가 어디 있을까?

    Je me demande où est Paul.

    뽈이 어디 있을까?

2) 의문형용사 quel(le)(s)과 의문대명사 qui 의 경우도, 의문사 문장 성분을 본동사에 후치시키고 나머지는 주어+동사 순으로 되는 것이 원칙이다.

    Dis-moi quelle heure il est.

    몇 시인지 말해줘.

    Je me demande qui est là.

    누가 왔을까?

3) que의 경우는 ce가 첨가된다.

    Dis-moi ce qui se passe.

    무슨 일인지 말해봐.

    Tu ne sais pas ce qu'est l'internet?

               ce que c'est que l'internet.

    너는 인터넷이 무엇인지 모르는구나.

연 습 문 제 A

■ 아래 우리말을 프랑스어로 표현해 보세요

1. ▷난 내일 바깡스 떠난다.
   ▶누구와 같이 가니?
   ▷내 동생하고.

2. 아니, 네가 뭔데! (← 너는 너 자신을 누구로 생각하느냐)
   (Non mais/se/prendre/pour)

3. ▷누구에게 투표할 생각이십니까?
   (avoir/intention/voter/pour)
   ▶아무 생각 없어요. Aucune idée.

4. ▷누구, 생각하고 있어요?
   (penser/à)
   ▶내 남자 친구(copain), 죠르쥐(Georges).

5. 이게 무슨 냄새(odeur)야? 아이고. 닭고기구나.

6. ▷이 가방에 무엇이 들어 있어요?
   (y avoir/sac)
   ▶개인용품입니다.
   (affaires/personnelles)

7. 불경기가 여전히 계속되는데.
   우리는 어떻게 되는 것일까? (←우리는 무엇이 될까?)
   (nous/aller/devenir)

8. 그 다음 어떻게 됐는데요?

  (se passer/après)

9. 복습해야 할 것이 무엇 남았니?

  (rester/réviser)

10. 뭐가 우스워? (← 무엇이 너를 웃게 하느냐?)

  (faire/rire)

11. 운동은 어떤 것 하고 있니? (← 운동으로서 무엇을 하니?)

12. ▷수요일이 레나(Léna: 여자이름)의 생일인데.

  ▶뭘 선물하지? (offrir)

13. 이 오래된 가구를 어떻게 할까?

  (on/faire/vieux/meuble)

14. 무슨 얘기하고 계십니까?

  (parler/de)

15. 용건이 뭔가요?

  (il s'agit de qch)

16. (학생이 여선생님에게 묻는 말)

  ▷선생님, 시험 범위는요? (← 시험은 무엇에 관한 것일 것입니까?)

  (porter/sur/examen)

  ▶한 것 전부 다예요.

17. SIDA는 무슨 말의 약자입니까?

  (abréviation)

18. ▷너 미국에 간다면서? 뭐 하러?

▶영어 배우러 가는 거지 뭐.

19. ▷너는 취미가 뭐냐?

(passe-temps/favori)

▶독서야. (lecture)

20. 오늘은 몇 월 몇 일입니까? (오늘 날짜는)?

21. ▷브랜드가 무엇입니까? (marque)

▶샤넬입니다. Chanel.

22. 이 외투 가격이 얼마입니까?

(prix/manteau)

23. 등록 마감일은 언제입니까?

(date limite/pour s'inscrire)

24. 네가 좋아하는 과목은 무슨 과목이냐?

(matière préférée)

25. 도착시각은 몇 시입니까?

(heure d'arrivée)

26. 체류 목적이 무엇입니까?

(but/séjour)

27. 프랑스 내 당신 주소는 어디입니까?

(adresse)

28. ▷정기 휴일은 무슨 요일입니까?

　　(jours de fermeture)

　▶일요일과 월요일입니다.

29. ▷영업〔업무〕시간은 어떻게 됩니까?

　　(heures d'ouverture)

　▶아침 10시에서 저녁 7시까지입니다.

30. 그는 프랑스어를 어느 정도 할 수 있습니까?

　　(← 그의 구어 프랑스어에서의 수준은?)

　　(niveau/français parlé)

31. ▷몇 시에 약속 있니?

　　(rendez-vous)

　▶10시 반.

32. ▷당신은 무슨 별자리요?

　　(signe du zodiaque)

　▶나는 전갈좌요. (scorpion)

33. 에펠탑에 가려면, 어떤 역에 내리면 좋겠습니까?

　　(Tour Eiffel/station)

34. ▷그 사람 대략 나이가 몇 살일까?

　　(avoir/âge/à peu près)

　▶몰라, 마흔 다섯, 쉰…

35. ▷어떤 호텔에 숙박하실 겁니까?

　　(descendre/hôtel)

　▶호텔 드 프랑스(l'Hôtel de France)요.

36. 가지고 있는 돈이 전부 얼마입니까?

    (disposer/somme)

37. 오페라 하우스(l'Opéra)로 가는 제일 짧은 길은 어떤 길입니까?

    (chemin/court)

38. ▷무슨 의미로 이 단어를 사용하고 있습니까?

    (sens/employer/mot)

  ▶일반적 의미입니다. (général)

39. (역사 수업시간에서)

    무슨 전투 후에 Vercingétorix는 로마인에게 항복하였습니까?

    (bataille/se rendre)

40. 여기서 역까지 거리가 약 얼마가 됩니까?

    (ici/gare/y avoir/environ/distance)

41. ▷너 보기에는 어느 것이 더 어울릴 것 같애?

    (d'après/aller/mieux)

  ▶난 청색이 더 좋아.

    (préférer/bleu)

42. 당신 우산은 어느 것입니까? (parapluie)

43. 이 네 권 중에서 어느 것이 제일 재미있었니?

    (parmi [de] /livre/le plus/intéresser)

44. ▷언제 끝나지?

  ▶사흘 후에.

45. ▷어디 가니?

    ▶빵집에. 곧 돌아 올께.

46. 어디서부터 시작하지? (commencer)

47. (수업 중에) 지금 어디하고 있지?

48. (백화점 따위에서)

    ▷(안내원) 뭐가 궁금하세요? (←제가 정보를 드릴 수 있을까요?)

               (je/pouvoir/renseigner)

    ▶(손님) 가죽 제품 코너가 어디입니까?

         (trouver/rayon maroquinerie)

    ▷(안내원) 4층입니다. (←4층에 있습니다)

         (étage)

49. (사람, 가게, 사무소 따위의 위치를 물을 때)

   정확한 위치가 어디입니까? (←당신은 정확하게 어디에 있습니까?)

50. 내 안경이 어디로 갔지?

   (passer/lunette)

51. ▷어떻게 하면 좋겠습니까?

   (faire)

    ▶하드디스크에 소프트웨어를 설치해야 합니다.

   (installer/logiciel/disque/dur)

52. ▷이걸 뭐라고 합니까?

   (ça/s'appeler)

    ▶떡볶이라고 합니다.

53. 그 여자 이름은 뭐여요?

54. 이것 어떻게 발음합니까? (prononcer)

55. 어떻게 네가 그것, 알고 있니? (savoir)
　　누구한테서 들었니? (← 누가 너에게 그 말, 했니?) (dire)

56. ▷왜 사람들이 줄 서 있는 거야. (← 줄이 있는 거야)
　　▶월요일에는 싸니까.

57. ▷왜 지각입니까?
　　　(arriver/en retard)
　　▶어어… 알람 시계가 작동되지 않아서요. 죄송합니다.
　　　(réveil/ne…pas/sonner)

58. 내 계획에 대해 어떻게 생각하십니까?
　　　(penser/mon plan)

59. 어느 쪽으로 가지? (nous/aller)

60. ▷가족이 몇 명입니까?
　　▶4명입니다. 부모님, 여동생, 그리고 나.

61. ▷얼마 동안 이 깁브를 하고 있어야 합니까?
　　　(Je/devoir/garder/plâtre)
　　▶약 한 달간이요.

62. ▷이 알약, 하루에 몇 번 복용해야 합니까?
　　　(cachet/prendre)
　　▶하루에 4번, 6시간마다 복용하세요.

63. ▷사진이 몇 장 필요합니까?

　　(falloir/photo)

　　▶최근에 찍은 사진 3장 가지고 와야 합니다

　　(apporter/photo/récente)

64. ▷빠리와 서울의 시차는 얼마나 됩니까?

　　(heures de décalage horaire)

　　▶여름 시간으로 7시간, 겨울 시간으로는 8시간입니다.

65. (루브르로 가는 버스를 타고 옆 사람에 물어볼 때)

　　▷루브르(le Louvre)는 몇 번째 정류소입니까?

　　▶두 번째 정류소입니다.

66. 당신은 하루에 얼마 정도 담배를 피웁니까?

　　(cigarette/fumer/dans une journée)

67. 공중 화장실이 있는지, 혹시 아십니까?

　　(savoir/y avoir/toilettes publiques)

68. ▷그 사람 누군지 알아맞혀 봐.

　　(deviner/c'est)

　　▶그 사람… 프랑스 배우? (acteur)

　　▷틀렸어

69. 내가 무슨 생각하는지 알아맞혀봐.

　　(deviner/penser)

70. 어디서 복사할 수 있는지, 너 아니?

　　(savoir/pouvoir/faire des photocopies)

71. 이런! 열쇠를 어디에다 두었는지 모르겠다.

　　(Ah zut! Je/savoir/ne… plus/mettre/clés)

72. ▷이 프로 별로야.

　　(intéressant/émission)

　▶그래, 다른 채널에서 무엇 하는지 보자.

　　(Oui //Voir/y avoir/chaîne)

연 습 문 제 B

■ 아래 우리말을 프랑스어로 표현해 보세요.

1. "봉쥬르"를 한국말로 무어라고 합니까?
    (se dire)

2. 전화 박스가 어디 있는지 아십니까?
    (savoir/cabine téléphonique)

3. 뭐가 무서워?
    (faire peur à *qn*)

4. 이 지방에서 구경할 만한 곳은 어디입니까?
    (← 이 지방에서 구경할 흥미로운 것은 무엇이 있습니까?)
    (y avoir/intéressant/voir/région)

5. 커피에 설탕을 얼마 정도 넣을 까요?
    (sucre/mettre/café)

6. 형과 나이 차이가 얼마나 되냐?
    (différence d'âge/y avoir/entre/frère aîné)

7. 연구가 어디까지 진척되었습니까?
    (en/être/recherches)

8. 이 동네에서 구경할 만한 것을 가르쳐 주시겠습니까?
    (pourriez/indiquer/visiter) (pourriez: pouvoir의 조건법 현재, 복수2인칭)

9. 그 사람은 도대체 왜 그렇게 술을 마신담?
    (boire/comme ça)

10. 시내 중심까지는 얼마 정도 걸립니까? (centre-ville)

11. 음악은 어떤 것 좋아하니?

12. 이 돈 어떻게 하실 생각이십니까?
   (compte/faire/argent)

13. 당신 생각에 어느 것이 나에게 제일 어울릴 것 같습니까?
   (à votre avis/aller/le mieux)

14. ▷이 레버 뭐 하는 데 쓰는 겁니까?
      (manette/servir)
   ▶위급시, 전동차를 세우는 데 사용합니다.
      (arrêter/train/en cas d'urgence)

15. 좌석 번호가 몇 번입니까?
   (numéro/siège)

16. 그것에 대해 어떻게 생각하시는지 솔직하게 말씀해 보십시오.
   (dire/sincèrement/vous/penser)

17. 이 기차 출발 시각이 몇 시 몇 분입니까? (← 정확한 출발시각)
   (l'heure exacte de départ de ce train)

18. 이 집에서 제일 유명한 요리가 무어요?
   (spécialité de la maison)

19. ▷지도상에서 현재의 위치를 가리켜 주시겠습니까?
      (←내가 어디에 있는지 가리켜 줄 수 있겠습니까?)
   ▶여기는 말이죠. 트로까데로(Trocadéro) 근처예요.

20. ▷너는 몇 학년이냐?

  ▶1학년이야.

21. ▷실제로, 무슨 일이 일어난 거야?

  (se/passer/en réalité)

  ▶내가 모두 다 이야기해 주지.

  (aller/dire/tout)

22. ▷그이 어떻게 됐니?

  (il/devenir)

  ▶몰라. 서로 안 보고 지내서.

  (ne… pas/savoir // on/se perdre/de vue)

23. ▷르아브르(Le Havre)행 급행열차는 몇 번 홈에서 떠납니까?

  (express/Le Havre/partir/quai)

  ▶2번 홈입니다.

24. ▷이게 뭡니까?

  ▶전기 밥솥(autocuiseur à riz)입니다.

25. ▷어제 Dubost씨와 Morin씨 사이에 무슨 일이 있었나?

  (se passer/hier/entre Dubost et Morin)

  ▶서류 문제 가지고 다투었는데요.

  (s'accrocher/pour une histoire de dossier)

26. ▷무슨 요일에 업무를 봅니까 [영업합니까] ?

  (jours d'ouverture)

  ▶일요일을 제외하고, 매일 업무를 봅니다 [영업합니다].

  (영업하다 → 개점되어 있다. être ouvert)

27. ▷너, 왜 그 말 했니?

  (tu/dire)

  ▶일부러 안 그랬어. 말이 그냥 나왔어.

  (faire/exprès//ça/échapper)

28. ▷왜 그 여자한테 사실대로 이야기하지 않았니?

  (← 진실을 이야기하지 않았니?)

  (ne… pas/dire/vérité)

  ▶내 입장이 한 번 되어봐.

  (se mettre à la place de *qn*)

29. (호텔에서 키를 받고 자기 방으로 가면서 지배인에 물을 때)

  ▷몇 층입니까?

  ▶4층입니다. 엘리베이터에서 나오면, 왼쪽입니다.

30. ▷너 언제 이사하니?

  (déménager)

  ▶당분간 이사할 계획은 없어. 봄이 되면 생각할 거야.

  (envisage/déménager/dans l'immédiat//voir/ça/printemps)

31. ▷이 기구가 110, 220볼트, 둘 다 쓸 수 있는지 알고 싶은데요?

  (voudrais savoir/appareil/bi-voltage) (voudrais:vouloir의 조건법현재)

  ▶예. 110, 220으로 쓸 수 있습니다.

32. ▷르망(Le Mans)행, 마지막 열차는 몇 시에 있습니까?

  ▶확신은 못하지만, 12시경으로 알고 있는데요

33. (학교에서)

  ▷마르땡(Martin) 선생님 강의는 어디야?

  (cours de Martin)

  ▶이층, C3 교실이야.

34. ▷케이크에 초를 몇 개 꽂을까?

     (mettre/bougie/gâteau)

  ▶큰 것 3개, 작은 것 5개 꽂아.

     (mettre/gros/petit)

35. ▷좀 복잡한데. (compliqué)

  ▶어디서부터 시작해야 될지 모르겠는데…

     (savoir/commencer)

◈ 제 4 장 의문사 연습문제 답

(A.)

1. ▷Demain, je pars en vacances.
    ▶Avec qui?
    ▷Avec mon frère.
2. Non mais, tu te prends pour qui!
3. ▷Pour qui avez-vous l'intention de voter?
    ▶Aucune idée.
4. ▷A qui pensez-vous?
    ▶A mon copain, Georges.
5. Qu'est-ce que c'est, cette odeur?
    (Qu'est-ce que c'est que cette odeur?)
    Oh, non! C'est le poulet!
6. ▷Qu'est-ce qu'il y a dans ce sac?
    ▶Des affaires personnelles.
7. La récession continue toujours.
    Qu'allons-nous devenir? Qu'est-ce que nous allons devenir?
8. Qu'est-ce qui s'est passé après?
9. Qu'est-ce qui te reste à réviser?
10. Qu'est-ce qui te fait rire?
11. Qu'est-ce que tu fais comme sport?
12. ▷C'est l'anniversaire de Léna mercredi.
    ▶Qu'est-ce qu'on lui offre?
13. Qu'est-ce qu'on fait de ce vieux meuble?
14. De quoi parlez-vous?
15. De quoi s'agit-il?
16. ▷Madame, sur quoi portera l'examen?
    ▶Sur tout ce qu'on a fait jusque-là.
17. SIDA, c'est l'abréviation de quoi?
18. ▷Tu vas aux Etats-Unis? Pour quoi faire?
    ▶Pour apprendre l'anglais, bien sûr!
19. ▷Quel est ton passe-temps favori?
    ▶C'est la lecture.

20. Quelle est la date, aujourd'hui?

 = On est le combien, aujourd'hui?

21. ▷Quelle est la marque? (= C'est quelle marque?)

 ▶Chanel.

22. Quel est le prix de ce manteau, s'il vous plaît?

 = Il fait quel prix, ce manteau?

23. Quelle est la date limite pour s'inscrire?

 = Les inscriptions, c'est jusqu'à quand?

24. Quelle est ta matière préférée?

25. Quelle est l'heure d'arrivée?

26. Quel est le but de votre séjour?

27. Quelle est votre adresse en France?

28. ▷Quels sont les jours de fermeture? (= C'est fermé quels jours?)

 ▶Le dimanche et le lundi.

29. ▷Quelles sont les heures d'ouvertures?

 ▶C'est ouvert de dix heures du matin à sept heures du soir.

30. Quel est son niveau en français parlé?

31 ▷A quelle heure as-tu rendez-vous?

 ▶A dix heures et demie.

32. ▷De quel signe du zodiaque êtes-vous?

 ▶Moi, le Scorpion.

33. La Tour Eiffel, c'est quelle station?

34. ▷Il a quel âge, à peu près?

 ▶Je ne sais pas, moi, quarante-cinq, cinquante…

35. ▷Vous descendez à quel hôtel?

 ▶À l'Hôtel de France.

36. Vous disposez de quelle somme?

37. Quel est le chemin le plus court pour aller à l'Opéra.

 = Quel est le meilleur chemin pour aller à l'Opéra.

38. ▷Dans quel sens employez-vous ce mot?

 ▶Au sens général.

39. Après quelle bataille Vercingétorix s'est-il rendu aux Romains?

40. Quelle distance y a-t-il environ d'ici à la gare?

41. ▷D'après toi, lequel va mieux?

 ▶Je préfère le bleu.

42. C'est lequel, votre parapluie?

43. Parmi 〔De〕 ces quatre livres, lequel vous a le plus intéressé?

44. ▷Ça finit quand?

　　▶Dans trois jours.

45. ▷Où est-ce que tu vas?

　　▶A la boulangerie. Je reviens tout de suite.

46. On commence par où?

47. On en est où?

48. ▷Je peux vous renseigner?

　　▶Oui. Où se trouve le rayon maroquinerie?

　　▷C'est au troisième étage.

49. Où est-ce que vous êtes, exactement?

50. Où sont passées mes lunettes?

51. ▷Comment est-ce qu'on fait?

　　▶Il faut installer le logiciel sur le disque dur.

52. ▷Ça s'appelle comment?

　　▶Ça s'appelle du «tockpocki».

53. Elle s'appelle comment?

54. Ça se prononce comment?

55. Mais comment le sais-tu?

　　Mais qui te l'a dit?

56. ▷Pourquoi est-ce qu'il y a la queue?

　　▶Parce que le lundi, c'est moins cher.

57. ▷Pourquoi est-ce que vous arrivez en retard?

　　▶C'est que… mon réveil n'a pas sonné. Je suis désolé.

58. Que pensez-vous de mon plan?

　　= Qu'est-ce que vous pensez de mon plan?

59. Par où allons-nous?

60. ▷Vous êtes combien, dans votre famille?

　　▶On est quatre. Mes parents, ma sœur et moi.

61. ▷Je dois garder ce plâtre combien de temps?

　　▶Environ un mois.

62. ▷Ces cachets, je dois les prendre combien de fois par jour?

　　▶Quatre fois par jour, toutes les six heures.

63. ▷Il faut combien de photos?

▶Il faut apporter trois photos récentes.

64. ▷Il y a combien d'heures de décalage horaire entre Paris et Séoul?

▶Sept en été, huit en hiver.

65. ▷C'est le combientième arrêt, le Louvre?

▶C'est le deuxième arrêt.

66. Combien de cigarettes est-ce que vous fumez dans une journée 〔par jour〕?

67. Savez-vous s'il y a des toilettes publiques?

68. ▷Devine qui c'est.

▶C'est··· un acteur français?

▷Perdu!

69. Devine à quoi je pense.

70. Tu sais où on peut faire des photocopies?

71. Ah zut! Je ne sais plus où j'ai mis les clés.

72. ▷Ce n'est pas très intéressant, cette émission.

▶Oui. Voyons ce qu'il y a sur les autres chaînes.

(B.)

1. Ça se dit comment «bonjour», en coréen?

  = C'est comment, «bonjour» en coréen?

2. Savez-vous où il y a une cabine téléphonique?

3. Qu'est-ce qui te fait peur? = De quoi as-tu peur?

4. Qu'est-ce qu'il y a d'intéressant à voir dans la région.

5. Combien de sucre(s) est-ce que je vous mets dans votre café?
각설탕인 경우 복수형으로 씀.

6. Quelle différence d'âge y a-t-il entre toi et ton frère aîné?

7. Où en êtes-vous dans vos recherches?

8. Pourriez-vous m'indiquer ce qu'il y a d'intéressant à visiter?

9. Qu'est-ce qu'il a à boire comme ça?

10. Pour aller au centre-ville, il faut combien de temps?

  = On met combien de temps pour aller au centre-ville?

11. Qu'est-ce que tu aimes comme musique?

12. Que comptez-vous faire de cèt argent?

13. A votre avis, lequel me va le mieux?

14. ▷Ça sert à quoi, cette manette?

▶Ça sert à arrêter le train, en cas d'urgence.

15. Quel est votre numéro de siège?

16. Dites-moi sincèrement ce que vous en pensez.

17. Quelle est l'heure exacte de départ de ce train?

18. Quelle est la spécialité de la maison?

19. ▷Pourriez-vous m'indiquer où je suis sur cette carte?

    ▶Vous êtes ici, à côté du Trocadéro.

20. ▷초등·중·고등학생에게 물을 때 : Tu es en quelle classe?

    대학생에게 물을 때: Tu es en quelle année?

    ▶Je suis en première année.

21. ▷Qu'est-ce qui s'est passé, en réalité?

    ▶Je vais tout te dire 〔raconter〕.

22. ▷Qu'est-ce qu'il est devenu?

    ▶Je ne sais pas. On s'est perdus de vue.

23. ▷L'express pour Le Havre part de quel quai?

    ▶C'est le quai numéro deux.

24. ▷Qu'est-ce que c'est, ça?

    (C'est quoi? Qu'est-ce que c'est que ça?)

    ▶C'est un autocuiseur à riz.

25. ▷Qu'est-ce qui s'est passé hier entre Dubost et Morin?

    ▶Ils se sont accrochés pour une histoire de dossier.

26. ▷Quels sont les jours d'ouverture?

    ▶C'est ouvert tous les jours, sauf le dimanche.

27. ▷Pourquoi est-ce que tu l'as dit?

    ▶Je ne l'ai pas fait exprès. Ça m'a échappé.

28. ▷Pourquoi est-ce que tu ne lui as pas dit la vérité?

    ▶Mets-toi à ma place!

29. ▷C'est à quel étage?

    ▶Au troisième, Madame 〔Monsieur, Mademoiselle〕.

    En sortant de l'ascenceur, à gauche.

30. ▷Quand est-ce que tu déménages?

    ▶Je n'envisage pas de déménager dans l'immédiat.

    Je verrai ça au printemps.

31. ▷Je voudrais savoir si cet appareil est bi-voltage.

    ▶Oui, il est en 110 et 220.

32. ▷A quelle heure est le dernier train pour Le Mans?

    ▶Je ne suis pas sûr 〔sûre〕. Vers minuit, je crois.

33. ▷C'est où, le cours de Martin?

▶C'est en C3, au premier.

34. ▷Je mets combien de bougies sur le gâteau?

▶Mets-en trois grosses et cinq petites.

35. ▷C'est un peu compliqué.

▶Je ne sais pas par où commencer…

(=Je ne sais pas par quel bout commencer.)

◉ 제 5 장 관계대명사 ◉

① qui와 que

1. qui : 관계절의 주격

   1) 사람

   La personne qui s'occupe de cette affaire est absente.
   이 일을 담당하는 사람이 결석이다.

   2) 사물

   La porte qui est à votre droite donne sur un jardin.
   당신 오른 쪽에 있는 문은 정원을 보고 있다.

2. que : 관계절의 직접목적보어

   1) 사람

   Voilà le garçon que nous cherchons.
   우리가 찾는 소년이 여기 있다.

   2) 사물

   C'est la robe que Maman m'a offerte.
   이것이 엄마가 나에게 선물로 준 드레스이다.

3. 전치사 + qui : 선행사가 사람인 경우에만 사용.

   Je connais la dame. Paul parle avec elle.
   → Je connais la dame avec qui Paul parle.
   나는 뿔이 이야기를 나누고 있는 부인을 안다.

② dont

1. 사람

   Le père de ce garçon est mort.
   이 소년의 아버지는 죽었다.

→ Voici le garçon dont le père est mort.

아버지가 죽은 소년이 여기에 있다.

2. 사물

J'ai perdu la clé de cette valise.

나는 이 가방의 열쇠를 잃어버렸다.

→ C'est la valise dont j'ai perdu la clé.

이것은 내가 열쇠를 잃어버린 가방이다.

③ où

1. 선행사가 장소인 경우 : "그 곳에서".

Nous allons dîner dans ce restaurant.

우리는 그 레스토랑에 식사하러 간다.

→ C'est le restaurant où nous allons dîner.

이것은 우리가 식사하러 가는 레스토랑이다.

2. 선행사가 때를 가리킬 경우 : "그때에".

Nous nous sommes mariés cette année-là.

우리는 그 해에 결혼했다.

→ C'est l'année où nous nous sommes mariés.

이것은 우리가 결혼했던 해이다.

④ lequel

1. 원칙적으로 관계대명사 «lequel», «laquelle», «lesquel(le)s»은 사물을 선행사로 한
다.

2. «à»와 «de»를 제외하고, 전치사 (sur, sous, pour, avec, dans, etc.) 뒤에서 사용
한다.

3. «lequel», «laquelle», «lesquel(le)s» 은 선행사와 성·수가 일치해야만 한다.

Le livre sur lequel elle travaille est ennuyeux.

그녀가 공부하는 책은 따분한 것이다.

4. 사람을 가리킬 경우, qui는 «lequel», «laquelle», «lesquel(le)s» 대신에 사용할 수 있다.

La personne avec laquelle je vais partir en vacances est sympathique.

나와 함께 휴가를 떠나는 사람은 마음이 좋다.

→ La personne avec qui je vais partir en vacances est sympathique.

5. 선행사가 어느 것인지를 명확하게 하고 싶을 때, 유용하게 사용될 수 있다.

Je cherche Anne et Pierre lequel m'a invité à cette réunion.

나는 안느와, 나를 이 모임에 초대해 준 삐에르를 찾고 있다.

⑤ 전치사 + quoi

1. 선행사가, ce, tout ce, quelque chose, rien 등일 때 한하여 사용.

Il n'y a rien à quoi il s'intéresse.

그가 흥미를 갖고 있는 것은 아무것도 없다.

2. 선행사 ce는 종종 생략.

C'est justement (ce) à quoi je pense.

그것이 바로 제가 생각하고 있는 것입니다.

⑥ 전치사 + 관계대명사 + 부정사

Je m'ennuie : je n'ai personne avec qui m'amuser.

지겨워. 나는 같이 놀 사람이 없다.

Je n'ai que vous sur qui compter.

믿을 사람은 당신뿐이요.

7 선행사의 생략.

1. qui

"…하는 사람"이라는 관계절을 인도할 때, 선행사가 생략되는데,

굳어진 표현이나, 속담에서 흔히 볼 수 있다.

Qui vole un oeuf vole un boeuf.

달걀 하나를 훔치는 자는 소 한 마리를 훔친다.

이 문장은 지시대명사를 선행사로 하는 문장으로 다시 쓸 수 있다.

Ceux qui volent un oeuf volent un boeuf.

Invite qui tu veux.

너가 원하는 사람 초대하렴.

2. qui + 부정사

Il trouvera à qui parler.

그는 말할 상대를 찾을 것이다.

3. de quoi + 부정사

Il a de quoi vivre.

그는 생계 수단이 있다.

Il n'y a pas de quoi rire.

웃을 일이 못 된다.

8 관계대명사의 제한적 용법과 설명적 용법.

1. 제한적.

Les Allemands qui boivent de la bière sont obèses.

맥주를 마시는 독일인은 비만이다.

"맥주를 마시는 독일인"만이 문제성.

2. 설명적.

Les Allemands, qui boivent de la bière, sont obèses.

독일인들은 맥주를 마시기 때문에 비만이다.

"독일인 총체"에 대해 언급.

Rem. 관계대명사 앞의 콤마의 유무로, 관계대명사의 제한적, 설명적 용법으로 구분하기는 하나, 꼭 그렇지 않은 경우도 많다.

연 습 문 제

I. 아래 우리말을 적절한 관계대명사를 사용하여 프랑스어로 표현해 보세요.

1. 한국어 하는 사람 있습니까?
   (y avoir/parler/coréen)

2. 나는 그가 나에게 선물로 준 반지를 끼어보았다.
   (essayer/bague/offrir)

3. 비프스테이크를 잘하는 레스토랑을 나는 하나 알고 있다.
   (connaître/restaurant/servir/de bons steaks)

4. 필요 없는 것들은 선반 위에 올려놓아.
   (mettre/étagère/choses/ne…pas/avoir besoin)

5. 11월과 12월은 일년 중 우리가 가장 바쁜 달이다.
   (mois de l'année/occupé)

6. 쇼 윈도우에 있는 파란 드레스를 좀 보여주세요.
   (montrer/robe/bleu/vitrine)

7. 운동한 다음 날 나는 온몸이 아팠다.
   (avoir mal partout/lendemain du jour/faire de l'exercice)

8. 고향에 돌아와서 그가 제일 먼저 한 것은 부모의 묘소에 참배하는 일이었다.
   (la première chose/en/rentrer/ville natale/se recueillir/tombe/parents)

9. 학생들 중에는 하숙하고 있는 사람이 있다.
   (parmi/élève/y avoir/être/pensionnaire)

10. 쓰레기는 정해진 날짜에 내놓아야 한다.

    (falloir/sortir/ordures/jour/être prescrit)

11. 저것이 모든 사람들이 화제에 올리는 자동차다.

    (C'est celle-là/voiture/tout le monde/parler)

12. 그 사람은 정말로 믿을 수 있는 사람이다.

    (vraiment/quelqu'un/pouvoir/compter)

13. 당신이 제일 잘 하는 운동은 무엇입니까?

    (sport/vous/pratiquer/le mieux)

14. 누구라도 우주여행을 할 수 있는 날이 머지 않다.

    (Il n'est pas loin, le jour/pouvoir/voyager/espace)

15. 미젠쁠리스(Misenplis)가 우리한테 준 주소로는 저쪽인데.

    (par là/d'après/adresse/donner)

16. 여러분들은 스핑크스에 코가 없는 이유를 이제 알았죠.

    (Et maintenant/connaître/raison/sphinx/avoir/nez)

17. 서울이라면 내가 잠자리에 드는 시각이다.

    (À Séoul/heure/se coucher)

18. (시험보기 전에 감독관이 수험생들에게)

    답안지 안 받은 사람 있습니까? (← 답안지가 없는 사람 있습니까?)

    (y avoir/quelqu'un/feuillet-réponse)

19. ▷너 이 강의 들은 적 있니?

　　(déjà/assister/cours)

　▶아니, 한 번도 들은 적이 없어.

　　(← 그것은 내가 한 번도 들은 적이 없는 강의야)

20. 내가 지금 이런 모습으로 있는 것은 완전히 어머니 덕택이다.

　　(si/être/là/en être/c'est/entièrement/grâce à)

21. 우리 집은 저 멀리 아산만이 보이는 언덕 꼭대기에 있다.

　　(maison/se trouver/sommet/colline/la baie d'Asan/dans le lointain)

22. 일요일은 이스라엘인들이 직장에 돌아오는 날이다.

　　(dimanche/jour/israélien/retourner/travailler)

23. 여기에 있는 여러 시계 중에서 골라 보세요.

　　(← 당신이 선택할 수 있는 여러 가지 시계들이 여기 있습니다.)

　　(voilà/différent/montre/vous/pouvoir/choisir)

24. 그는 휴일이면 늘 골프 치러 간다.

　　(← 일하지 않는 날에는 골프 치러 가는 습관을 갖고 있다)

　　　(habitude/aller/jouer/golf/jours/ne..pas/travailler)

25. 그녀는 장학금을 받게 되어서 이 공부를 계속할 수 있을 것이다.

　　(recevoir/bourse/grace à/pouvoir/continuer/études)

II. 선행사로서 중성대명사 또는 지시대명사를 취하는 구문으로 아래 우리말을 프랑스어로 표현해 보세요.

1. 찬성하는 사람, 손들어 보세요.

   (être d'accord/lever/main)

2. 18세 이상의 사람들은 모두 다 투표권이 있다

   (avoir/droit/voter)

3. 어떤 의미에서는 네가 한 것이 옳다.

   (en un sens/tu/faire/correct)

4. 내가 하는 말 알아듣겠니?

   (comprendre/je/vouloir/dire)

5. ▷뭘 좀 부탁해도 될까? (demander/quelque chose)

   ▶그래요, 뭐라도 해봐요.

   (Oui/vouloir)

6. ▷가도 됩니까? (partir)

   ▶좋을 대로 해. (faire)

7. 할 말이 그것뿐이요?

   (c'est/vous/avoir/à/dire)

8. 내가 방금 너한테 한 이야기 아무한테도 말하지 마라.

   (ne … personne/parler/venir de/dire)

9. 그 여자는 자기와 관계가 없는 일에도 언제나 곧장 끼어든다.

   (être prêt/toujours/se mêler/ne … pas/regarder)

10. 우리가 이야기 나누었던 것 말이야, 네 엄마가 O.K.했니?
    (à propos de/discuter/ta mère/donner/accord)

11. 이건, 옛날에 벌써 들은 것과 같은 이야기야.
    (même histoire/déjà/entendre/auparavant)

12. 나란히 있는 세 방 중에서 내가 쓰는 방은 가운데 방이야.
    (parmi/pièce contiguë/occuper/milieu)

13. 모차르트의 작품 중 당신이 좋아하는 작품은 무엇입니까?
    (parmi les oevres de Mozart/aimer)

14. 이 지방은 한국을 통틀어 쌀을 제일 많이 생산하는 곳이다.
    (région/produire/le plus de riz/tout/Corée.

15. 내가 의심하고 있는 것은 그 이야기의 신빙성이다.
    (douter/véracité/histoire)

◆ 제 5 장 관계대명사 연습문제 정답

I.

1. Est-ce qu'il y a quelqu'un qui parle coréen?

2. J'ai essayé la bague qu'il m'a offerte.

3. Je connais un restaurant où ils servent de bons steaks.

4. Mets les choses dont tu n'as pas besoin sur l'étagère.

5. Novembre et décembre, ce sont les mois de l'année où nous sommes les plus occupés.

6. Montrez-moi la robe bleue qui est en vitrine, s'il vous plaît.

7. J'ai eu mal partout le lendemain du jour où j'ai fait de l'exercice.

8. La première chose qu'il a faite en rentrant dans sa ville natale, ça a été de se recueillir sur la tombe de ses parents.

9. Parmi les élèves, il y en a qui sont pensionnaires.

10. Il faut sortir les ordures aux jours qui ont été prescrits.

11. C'est celle-là, la voiture dont tout le monde parle.

12. C'est vraiment quelqu'un sur qui on peut compter.

13. Quel est le sport que vous pratiquez le mieux?

14. Il n'est pas loin, le jour où n'importe qui pourra voyager dans l'espace.

15. C'est par là, d'après l'adresse que nous a donnée Misenplis.

16. Et maintenant vous connaissez la raison pour laquelle le sphinx n'a pas de nez.

17. À Séoul, c'est l'heure où je me couche.

18. Y a-t-il quelqu'un qui n'a pas de feuillet-réponse?

19. ▷Tu as déjà assisté à ce cours?

   ▶Non, c'est un cours auquel je n'ai jamais assisté.

20. Si je suis là où j'en suis, c'est entièrement grâce à ma mère.

21. Ma maison se trouve au sommet d'une colline d'où on peut voir la baie d'Asan dans le lointain.

22. Le dimanche, c'est le jour où les israéliens retournent travailler.

23. Voilà les différentes montres parmi lesquelles vous pouvez choisir.

24. Il a l'habitude d'aller jouer au golf les jours où il ne travaille pas.

25. Elle a reçu une bourse grace à laquelle elle pourra continuer ses études.

II.

1. Ceux qui sont d'accord, levez la main.

2. Tous ceux qui ont plus de dix-huit ans ont le droit de voter.

3. En un sens 〔Dans un certain sens〕 ce que tu as fait est correct.

4. Tu comprends ce que je veux dire?

5. ▷Je peux te demander quelque chose?

   ▶Oui, tout ce que tu veux.

6. ▷Je peux partir?

   ▶Fais ce que tu veux. (=Fais comme tu veux.)

7. C'est tout ce que vous avez à dire?

8. Ne parle à personne de ce que je viens de te dire.

9. Elle est toujours prête à se mêler de tout ce qui ne la regarde pas.

10. À propos de ce dont nous avons discuté, est-ce que ta mère a donné son accord?

11. C'est la même histoire que celle que j'ai déjà entendue auparavant.

12. Parmi ces trois pièces contiguës, celle que j'occupe, c'est celle du milieu.

13. Parmi les oevres de Mozart, quelles sont celles que vous aimez?

14. Cette région est celle qui produit le plus de riz dans toute la Corée.

15. Ce dont je doute, c'est de la véracité de cette histoire.

◆ 저자약력

구기헌
서울대학교 불어불문학과 졸업
서울대학교 대학원 문학박사
현 상명대학교 프랑스어문학과 교수

이병욱
서울대학교 불어불문학과 졸업
파리 V대학교 대학원 언어학박사
현 상명대학교 프랑스어문학과 겸임교수

 개 정 판

프랑스어 작문(상)

개정 초판1쇄 인쇄 2012년 4월 19일
　　　초판1쇄 발행 2012년 4월 30일

저　　자 · 구기헌 · 이병욱
발 행 인 · 윤석현
발 행 처 · 제이앤씨
등록번호 · 제7-220호
책임편집 · 정지혜

우편주소 · 132-702 서울시 도봉구 창동 624-1 북한산현대홈시티 102-1206
대표전화 · 02)992-3253
전　　송 · 02)991-1285
홈페이지 · www.jncbms.co.kr
전자우편 · jncbook@hanmail.net

ⓒ 구기헌 · 이병욱 2012 All rights reserved. Printed in KOREA

ISBN 978-89-5668-904-3 93760　　　　　　　　　　　정가 12,000원